O LÍDER COLABORATIVO

O DESAFIO MÁXIMO DA LIDERANÇA

Tradução:
Tiago Bruehmueller Morinigo

Revisão Técnica:
Dr. Jairo Mancilha

L. Michael Hall, Ph.D. e Ian McDermott

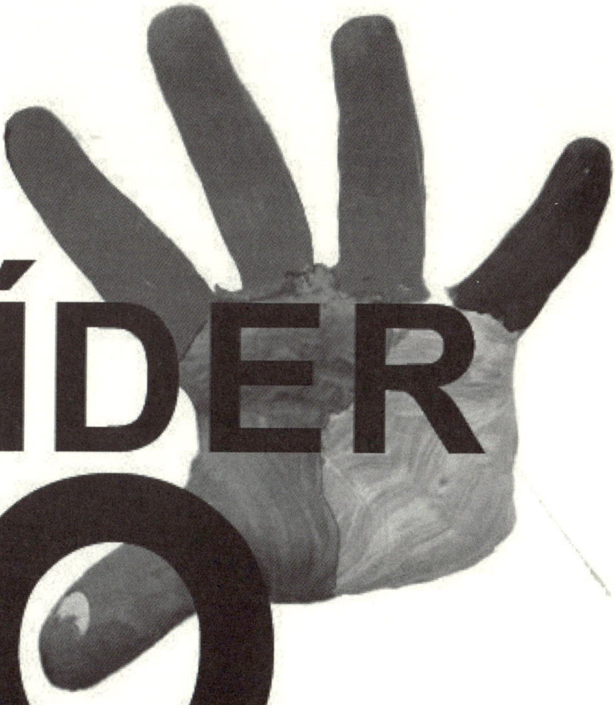

O LÍDER COLABORATIVO

O DESAFIO MÁXIMO DA LIDERANÇA

Copyright© Ian McDermott and L. Michael Hall 2018

"This translation of **The Collaborative Leader** is published by arrangement with Crown House Publishing Limited."

Todos os direitos desta edição reservados à Qualitymark Editora Ltda. É proibida a duplicação ou reprodução deste volume, ou parte do mesmo, sob qualquer meio, sem autorização expressa da Editora.

Direção Editorial	Produção Editorial
SAIDUL RAHMAN MAHOMED editor@qualitymark.com.br	**EQUIPE QUALITYMARK**
Capa	Editoração Eletrônica
SUELLEN BALTHAZAR	**PS DESIGNER**

CIP-Brasil. Catalogação-na-fonte
Sindicato Nacional dos Editores de Livros, RJ

H184L

Hall, L. Michael
 O líder colaborativo : o desafio máximo da liderança / L. Michael Hall, Ian McDermott ; [tradução Tiago Bruehmueller Morinigo]. – 1. ed. – Rio de Janeiro : Qualitymark Editora, 2018.
 248 p. : il. ; 23 cm.

 Tradução de: The collaborative leader : the ultimate leadership challenge
 Apêndice
 Inclui bibliografia
 ISBN 978-85-414-0337-5

 1. Liderança. 2. Administração. I. McDermott, Ian. II. Morinigo, Tiago Bruehmueller. III. Título.

18-48724
CDD: 658.4092
CDU: 005.322:316.46

2018
IMPRESSO NO BRASIL

Qualitymark Editora Ltda.
Rua José Augusto Rodrigues, 64 – sl. 101
Polo Cine e Vídeo – Jacarepaguá
CEP: 22275-047 – Rio de Janeiro – RJ

www.qualitymark.com.br
E-mail: quality@qualitymark.com.br
Tels.: (21) 3597-9055 / 3597-9056
Vendas: (21) 3296-7649

Sumário

Prefácio XVIII

PARTE I
OS FUNDAMENTOS DA LIDERANÇA COLABORATIVA 1

1 POR QUE SE IMPORTAR? *A Visão da Colaboração* 3
O Poder da Colaboração 5
O que é colaboração? 8
De Quanta Colaboração Você Deseja? 9
Tipos de Colaboração 9
Benefícios da Colaboração 10
Como Você Faz Isso? 12
Liderando a Colaboração 12
O Segredo da Liderança Colaborativa 13
Aprofundando Nosso Entendimento sobre Colaboração 14
O Ingrediente que faltava na Liderança 16
Seus Próximos Passos como Líder Colaborativo 17

2 ONDE VOCÊ ESTÁ? *Olhando no Espelho: Sua Autoavaliação Colaborativa* 19
Você como um Líder Colaborativo 20
As Sete Perguntas da Colaboração 20
A Pergunta da Confiança Pessoal 21
   1. Quão confiante e seguro estou de mim de forma que eu possa oferecer algo meu para colaborar com os outros? 21
A Pergunta sobre Flexibilidade e Adaptação 23
   2. Sou flexível o suficiente para me adaptar aos outros para que algo maior emerja, ou eu tenho que fazer as coisas do meu jeito? 23

A Pergunta da Escolha do Bem Maior 24
   3. Pelo bem maior do grupo, posso deixar de lado
      o meu jeito de fazer? 24
A Pergunta do Reconhecimento e Aclamação 25
   4. Eu me importo com quem recebe os créditos? 25
A Pergunta da Visão 26
   5. Consigo manter-me focado no resultado e nos
      motivos da colaboração ou fico preso no nível
      de posições, posturas e conteúdos? 26
A Pergunta dos Meios e Fins 27
   6. Posso distinguir entre meios e fins; recursos e objetivo
      final, de modo que eu esteja disposto a trabalhar
      as diferenças e conflitos para alcançar o objetivo? 27
A Pergunta do Ganha-Ganha Mútuo 28
   7. Quão importante é, para mim, que aqueles com
      os quais eu estou colaborando consigam ganhar,
      assim como eu consigo? 28
Sua Pontuação Colaborativa 29
Seus Próximos Passos como Líder Colaborativo 29

3   O QUE É UM LÍDER COLABORATIVO? 31

É Preciso um Líder para se Facilitar Colaborações 31
   A Colaboração que Evitou uma Guerra Civil 31
   Colaborações Implicam um Processo Contínuo 33
   Tornando Possível a Colaboração 34
   Pré-requisitos para esse Tipo de Liderança 35
   Ajudando os Outros a Reduzir os Filtros do Ego 36
   Criando uma Cultura Colaborativa 37
   Assumindo seu Papel para se Tornar um Líder Colaborativo 37
   Seus Próximos Passos como Líder Colaborativo 42

4   DESAFIOS À COLABORAÇÃO 45

Deixe-me contar de quantas maneiras diferentes
   as colaborações podem dar errado 46
Uma Colaboração Fracassada – O Primeiro Movimento
   do Potencial Humano 46

Uma Colaboração Assimétrica 48
Aprendizagem Reflexiva 49
Falsas Colaborações – Pseudocolaborações 50
Barreiras para a Colaboração 51
Colaboração Neurológica 52
Seus Próximos Passos como Líder Colaborativo 54

PARTE II
LIDERANÇA COLABORATIVA 57

5 COMO CHEGAMOS LÁ? *O Caminho Colaborativo* 59
O Dilema do Prisioneiro 61
1. Um problema (necessidade) ou Visão é Encontrada 64
   História do Michael 65
   História do Ian 66
2. Um convite é apresentado 68
3. Uma Solução é estudada, passa
   por *brainstorm* e é descoberta 69
4. Um Desafio e Compromisso são Assumidos 69
5. Uma estratégia é acordada para o projeto 71
6. A solução inovadora é lançada 72
7. Problemas e interferências em curso vem
   à tona e são tratados 72
8. O resultado é atingido (o problema
   foi resolvido, o objetivo alcançado) 73
9. O sucesso da colaboração é celebrado 74
10. O Fim é Confirmado. 75
Seus Próximos Passos como Líder Colaborativo 75

6 INSPIRANDO A COLABORAÇÃO – *O Chamado
   da Colaboração* 77
Vivendo uma vida itinerante colaborativa 78
A Competência Essencial de Fazer o Convite 79
O Poder de um Convite 81
A Coragem de Fazer o Convite 82
Escolhendo a chamada que você fará para uma colaboração 83
Liderando o Chamado 84

As Qualidades do Convite para a Colaboração 85
Dimensões da Colaboração 85
Seus Próximos Passos como Líder Colaborativo 85

7 ESCOLHENDO COLABORAR – *A Arte de Decidir* 87
O que você traz à colaboração? 88
A estratégia de tomada de decisão 89
Liderando a Decisão 91
Decidindo por Encerrar uma Colaboração 93
Seus Próximos Passos como Líder Colaborativo 93
Notas do Fim do Capítulo 94

8 CRIANDO UMA CULTURA DE
   COLABORAÇÃO – *Colaboração de dentro para fora* 95
A Cultura Necessária para a Colaboração 96
   1. Uma Cultura de Abundância e Crença
      na Abundância de Recursos 96
   2. Uma Cultura do tipo Ganha-Ganha 98
   3. Uma Cultura de Empreendedorismo 98
   4. Uma Cultura de Confiança Mútua 99
   5. Uma Cultura de Visão Inspiradora 101
   6. Uma Cultura de Receptividade Aberta aos Outros e às suas
      Novas Ideias 101
   7. Uma Cultura de Responsabilidade e Responsividade 102
Criando uma Cultura Colaborativa 103
   1. Estabeleça o diálogo com todos da organização ou grupo . 103
   2. Construa uma cultura de dentro para fora 104
   3. Integrar os princípios colaborativos 104
   4. Converse regular e consistentemente sobre a visão 104
Seus Próximos Passos como Líder Colaborativo 105

9 ACOLHENDO E INTEGRANDO COM AS
   DIFERENÇAS – *O Desafio Essencial da Colaboração* 107
1. Aceitação – O coração da colaboração 109
O Processo de Permissão 110
   1. Verifique sua permissão interna 110
   2. Observação Reflexiva 110

3. Lide com as objeções 110
4. Refaça a sua Permissão 111
5. Repita o processo até chegar à resolução 111
2. Adotando a Linguagem da Colaboração 111
3. Criando uma Estrutura para Integrar as Diferenças 113
4. Gerenciando Conflitos Eficazmente 114
Regras Básicas para Gerenciar Conflitos................................... 116
Colaboração em um Ambiente Hostil 118
Seus Próximos Passos como Líder Colaborativo 120

**10 INTEGRANDO EU (SELF)
E OUTROS** – *Os Quadrantes da Colaboração* 123
Eixo I: Eu – A Independência de Seguir Sozinho 124
Eixo II: Outros – A Interdependência
de Trabalhar em Equipe 125
De Eixos Separados à Sinergia dos Eixos 125
Testando sua Sinergia de Colaboração...................................... 127
Perguntas Adicionais para Investigar
Seu Quociente de Colaboração (Q.C.)................................... 128
Revisitando as Barreiras da Colaboração 131
Os Papéis de um Líder Colaborativo 132
Seus Próximos Passos Como Líder Colaborativo 133

11 CRENÇAS COLABORATIVAS 135
Suas Crenças Colaborativas 135
Mas o que é uma "Crença", Afinal? 136
Avaliação das Crenças sobre Colaboração 138
   Crenças sobre os outros.. 138
   Crenças sobre "Eu mesmo" (Self) 139
   Crenças sobre Colaboração... 139
Mudança de Crença 140
Seus Próximos Passos como Líder Colaborativo 141

12 OS PRINCÍPIOS DA COLABORAÇÃO 143
1. Uma Colaboração Eficaz é Guiada por uma Visão 144
2. Uma Colaboração Eficaz Requer e produz Democracia 144

3. Uma Colaboração Eficaz Funciona a partir
da Abundância, não da Escassez 145
4. Uma Colaboração Eficaz Busca e Mobiliza
Intenções Positivas 145
5. Uma Colaboração Eficaz Requer Diversidade e Diferença 146
6. Uma Colaboração Eficaz Cria uma Comunidade
a partir do Rudimentar Individualismo das Pessoas
Profundamente Independentes 147
7. Uma Colaboração Eficaz Requer uma
Comunicação Autêntica 147
8. Uma Colaboração Eficaz é Natural 147
9. Uma Colaboração Eficaz Facilita a Criatividade 148
10. Uma Colaboração Eficaz Requer Estruturas Eficazes 148
11. Uma Colaboração Eficaz Requer Vários Papéis
Complementares 148
12. Uma Colaboração Eficaz Desencadeia
Potenciais Individuais e Coletivos 148
13. Uma Colaboração Eficaz envolve Cuidado 149
14. Uma Colaboração Eficaz é Sistêmica 149
15. Uma Colaboração Eficaz se Energiza
a partir de Pequenas Vitórias 149
16. Uma Colaboração Eficaz requer uma
Liderença Facilitadora 150

13 O JOGO MAIOR DA COLABORAÇÃO 151
1. O Estado de *Ser* Oriundo do Crescimento Pessoal 152
2. A Criatividade de Propriedades
Emergentes e Surpreendentes 153
O Aspecto Selvagem da Criatividade 154
3. O Surgimento de Equipes e do Espírito de Equipe 155
4. A Autorrealização de Indivíduos e Grupos 158
Seus Próximos Passos como Líder Colaborativo 160

14 OS ESTADOS DA COLABORAÇÃO 161
O Estado de Confiança 163
Estados de Colaboração relacionados ao "Eu" (Self) 165
Maturidade ao invés de Imaturidade 166

Coragem ao invés de Medo 166
Abundância ao invés de Escassez.. 167
Compartilhar ao invés de Focar exclusivamente
em si mesmo 168
Um estado de Presença ao invés da Autoabsorção................. 170
Compartilhar ao invés de ser uma Estrela Solitária 170
Responsavelmente Proativo ao invés de Sede de Poder......... 171
Coragem para ser eu mesmo ao invés de Defensivo.............. 171
Estados de Colaboração relacionados aos Outros...................... 172
Empaticamente Compassivo ao invés
de Subdesenvolvido Socialmente... 172
Celebrando o Sucesso dos Outros ao invés de Invejar............ 173
Libertar-se do passado ao invés de Ressentir-se..................... 174
Abertura ao invés de Interesses Escusos.................................. 174
Proativo ao invés de ser uma Borboleta Social....................... 175
Celebrando Outros ao invés de Egoísmo Social 175
Seus Próximos Passos como Líder Colaborativo....................... 176

**15 O CHAMADO PARA SER
UM LÍDER COLABORATIVO** – *O Final* 177

**PARTE III
DESAFIOS DA LIDERANÇA COLABORATIVA**............................ 181

16 COMO AS COLABORAÇÕES DÃO ERRADO 183
Excessos e Omissões... 184
A Categoria Excessos 184
Superioridade 185
Mentalidade de Silo... 185
Comunicação Diplomática 186
A Categoria Omissões 186
A Fórmula Destruidora: Como Acabar com a Colaboração........ 187
Liderando a Colaboração para que ela não dê errado 187
Seus Próximos Passos como Líder Colaborativo....................... 188

17 PSEUDOCOLABORAÇÕES – *O Discurso
sem a Prática*.. 189
  1. Discurso Colaborativo: Discurso sem Prática........... 190
  2. Consenso: Chegando ao consenso em um grupo de pessoas 192
  3. Networking – Batar asas por aí como uma Borboleta Social. 193
  4. Liderando um Grupo 193
  5. Unindo Atividades por meio de uma Proposta..................... 194
  6. Delegando 195
  Seus Próximos Passos Como Líder Colaborativo 196
  Nota do Fim do Capítulo 197

18 COLABORAÇÃO EM CRISE 199
  Tipos de Crise 200
    1. Crise aguda 200
    2. Crise Crônica 201
    3. Crise Sistêmica Complexa 201
  O Fator Complicador – A Pressão do Tempo....................... 202
  Sendo um Líder Colaborativo em uma Crise 202
  Conecte-se com o Inimigo do seu Inimigo.......................... 202
  Desenvolva e Demonstre Flexibilidade
    para Resolver Quebra-cabeças................................... 203
  Habilidades de Gerenciamento de Risco
    para Lidar com a Crise... 204
  Seus Próximos Passos como Líder Colaborativo.................. 205

A QUÃO COLABORATIVO VOCÊ É? 207

**B OS BENCHMARKS PARA SER COLABORATIVO
E UM LÍDER COLABORATIVO**.. 211

AUTORES 215

Livros escritos por L. Michael Hall, Ph.D. 217

BIBLIOGRAFIA 221

Prefácio

"Por trás de todo murmúrio que se faz sobre colaboração, está a disciplina. E, com todo respeito às antigas artes da administração e da diplomacia, a mais recente arte da colaboração representa, de fato, algo novo – talvez Copérnico. Se ela possuísse um chip de silicone, todos estaríamos animados."

John Gardner

"A colaboração criativa agora é possível em uma escala nunca antes vista, por pessoas do mundo todo."

Warren Bennis

Colaboração é colaborar, literalmente "laborar com" os outros. Dado isso, é tão somente natural que um livro sobre *colaboração* seja escrito colaborativamente por mais de um autor. Foi exatamente isso que fizemos neste livro.

Cada um de nós já se engajou em muitas colaborações ao longo dos anos, e atribuímos boa parte do nosso sucesso pessoal ao *trabalho em conjunto – colaborando*. Nós também somos escritores experientes, bem como líderes em nossas próprias áreas. Nós tivemos tempo para colaborativamente escrever outro livro? Não. No entanto, nós arranjamos tempo para este porque este assunto é muito importante para nós – o que acontece em muitas colaborações.

Quando começamos, havia outra pessoa envolvida no projeto – *Shelly Rose Charvet*. Na verdade, ela foi a pessoa que primeiro nos aproximou, e nós três trabalhamos juntos neste projeto. Mas, então, esses fatos inesperados da vida aconteceram e Shelly percebeu que estava muito atarefada, e que precisava focar no seu novo negócio. Ela disse: "para o meu próprio bem, eu preciso abrir mão de alguns compromissos". Então, ela escolheu deixar este projeto. Isso nos chamou a atenção para um aspecto importante da colaboração: *Cola-*

borações inevitavelmente crescem, mudam, e evoluem, assim como pessoas e situações, e precisam de mudança ao longo do tempo.

Assim como a experiência com Shelly nos mostrou, a colaboração é um processo rico e dinâmico entre pessoas; *é uma experiência viva e evolutiva*. Não é um grupo rígido de papéis e regras sobre como fazer algo. É um ato e experiência de criatividade em que poucas, ou muitas pessoas, descobrem como interagir de tal maneira que emergem novas ideias. Ideias que, quando postas em prática, podem trazer à tona novas e maravilhosas inovações.

"Você poderia me dar a "Versão TED" deste livro?"

Apesar de ter identificado uma grande quantidade de facetas da colaboração em nossa fase inicial de pesquisa, quando nós começamos a ler este livro, mudamos o nosso foco para uma única pergunta:

Sobre o que nós sentimos paixão em comunicar em relação à colaboração que tornaria este livro único e transformador para a vida daqueles que o lerem?

Neste livro, nós respondemos a esta pergunta com foco em três considerações principais a respeito de colaboração e liderança:

O que é colaboração?

Como ela se relaciona com liderança?

Como fazer isso de eficazmente?

Primeiro, o que é colaboração?

Colaboração é o exigente negócio de trabalhar junto para conseguir fazer aquilo que cria resultados práticos. Isso edifica um negócio, faz dinheiro e lança soluções pragmáticas no mundo. À medida que nós mostramos como isso funciona, podem ser gerados ganhos na sua liderança

Como a colaboração se relaciona com a liderança?

Colaboração requer liderança. Requer que uma pessoa, ou equipe, una as demais e possibilite que trabalhem juntas, eficazmente. Por meio da inspiração e da administração da parceria colaborativa, isso trás à tona o melhor nas pessoas. No detalhamento de como fazer isso, você aprenderá muitas habilidades de liderança colaborativa.

Como colaborar eficazmente?

Colaboração requer habilidades. Requer uma série de competências centrais que possibilitam que pessoas trabalhem juntas, de forma eficaz, para atingir o que nenhuma poderia alcançar sozinha, ou separadamente. À medida que as desenvolve, você elevará suas habilidades de liderança a um novo nível.

O que nós também descobrimos foi que existem muitos entendimentos errôneos sobre colaboração. Um dos mais comuns é o de que colaboração é uma ideia agradável sobre pessoas convivendo e se sentindo bem umas com as outras, mas isso não ajuda no que realmente importa. Outro mito é o de que a colaboração necessita de um mediador, e não um líder, pois requer um compromisso por parte das pessoas. E existem mais mitos.

Tais mitos obscurecem o fato de que a colaboração oferece uma vantagem competitiva para o negócio e, de fato, proporciona um retorno ao investimento. Todas as empresas verdadeiramente excelentes são grandiosas por conta da colaboração. Esses equívocos são chamados de *mitos da colaboração*.

Nossa afirmação é que uma grande quantia de colaboração está escondida aos olhos, e sua importância muitas vezes não é reconhecida e apreciada. Sem algum grau de colaboração implícita, é quase impossível fazer muito. Acreditamos que isso tem enormes implicações para qualquer pessoa em papel de liderança. Como você irá descobrir, é fato que a colaboração envolve um conjunto de competências essenciais, que são as *competências de liderança*. Estas podem ser aprendidas e melhoradas. Isso também destaca outra verdade oculta: *a capacidade de colaboração é a habilidade máxima de liderança*. E é isso que nosso mundo está exigindo cada vez mais – líderes colaborativos. Portanto, promover a colaboração como um conjunto de habilidades é o próximo grande passo no desenvolvimento da liderança. Acreditando nisto nós escrevemos este livro, para tornar explícito o que é a liderança colaborativa, e como se atingir esse tipo e qualidade de liderança.

O que você obterá com este livro?

Há muitos benefícios a serem obtidos. *Em primeiro lugar, uma abordagem prática para o desenvolvimento de habilidades de colaboração de alto nível.* Em vez de nos concentrarmos nas teorias por trás da colaboração, criamos O Líder Colaborativo para ser um guia prático de como colaborar com os outros e como ser um líder colaborativo. Isso significa aprender a conquistar os corações e mentes daqueles que lideramos. Só então as pessoas participarão de uma visão colaborativa. Você encontrará perguntas de avaliação em toda parte, processos passo a passo sobre colaboração e um convite para a ação no final de cada capítulo, sob o título *Vamos colaborar!*

Em segundo lugar, você encontrará coisas práticas e imediatas para fazer. Criamos isso para que você possa, imediatamente, começar a testar a utilidade das ideias – talvez até mudar completamente um grupo ou um ambiente não colaborativo.

Em terceiro lugar, um desafio pessoal para intensificar o nível colaborativo de liderança. Dirigir as pessoas é levá-las a trabalhar juntas e a combinar seu capital intelectual e relacional. Como líder, você os lidera para a colaboração. *É por isso que o líder que não consegue efetivamente colaborar, não consegue, efetivamente, liderar.* Se você quiser ser congruente com o que diz, precisa demonstrar habilidades colaborativas.

Em quarto lugar, um modelo da estrutura de colaboração. Nós viemos de um campo que se especializa na modelagem da estrutura da expertise e da excelência – PNL (Programação Neurolinguística). Por isso, iniciamos nossa colaboração por meio da estruturação e descompactação (ou seja, modelagem) de exemplos de colaboração – o que fez com que funcionasse, quais desafios haviam, como os colaboradores conseguiram lidar com desafios e barreiras à colaboração, as crenças e valores dos colaboradores, e muito mais. No final deste livro, você terá uma compreensão completa da estrutura e dos processos de colaboração.

Em quinto lugar, um guia para o conjunto de competências que facilitam uma colaboração saudável, alegre e produtiva. Uma das coisas que descobrimos no processo de colaboração é que os melhores colaboradores são aqueles que *se divertem muito colaborando*. O objetivo pode ser sério, mas a colaboração pode ser divertida. As pessoas repetidamente falaram sobre o prazer que obtiveram de colaborar, como isso resultou no melhor das pessoas e como, na ocasião, a experiência assumiu as qualidades clássicas de um estado de fluxo – perdido no momento, um forte senso de significância e alegria, desafio, uma sensação de ausência de esforço etc.

*Sexto, os **comos** do desenvolvimento de elementos críticos de sucesso de liderança.* Há uma coisa que talvez seja a mais singular sobre este livro. Em contraste com a maioria dos livros sobre colaboração, nosso foco foi o líder colaborativo individual. A maioria dos livros neste campo é sobre organizações que colaboram com organizações e sobre como criar colaboração interorganizacional.

Sétimo, um equilíbrio pessoal. É difícil promover a colaboração com e entre outros se você estiver em guerra consigo mesmo. Alinhar seu comportamento com seus próprios valores é parte do segredo de ser um líder colaborativo eficaz. O fundamento da liderança colaborativa é a autocolaboração. Ela começa com você porque *a colaboração de alta qualidade é um processo de dentro para fora*. Você poderia estar se perguntando: o que é autocolaboração? É a capacidade de colaborar com as diferentes partes ou aspectos de você mesmo. É por isso que retornaremos a esse elemento ao longo deste livro.

Você é um líder colaborativo? Você gostaria de ser? Você sabe como unir as pessoas, inspirá-las com uma visão significativa e organizá-las de forma que um espírito de equipe surja e possa produzir altas performances? Se deseja dizer sim a essas perguntas, então este livro, definitivamente, é para você.

Ian McDermott
L. Michael Hall

PARTE I
OS FUNDAMENTOS DA LIDERANÇA COLABORATIVA

***

Capítulo 1

POR QUE SE IMPORTAR?
A Visão da Colaboração

*Como um Líder, por que se importar com a colaboração?
O que há de bom nisso para você e seus liderados?*

"A colaboração será o ponto de diferenciação entre as empresas que irão crescer e chegar com sucesso na próxima década, daquelas que não chegarão."
McPhail, CEO da Best Buy

"Colaborações bem-sucedidas são a ciência do possível."
Warren Bennis

Pense em algumas das conquistas verdadeiramente grandiosas que os seres humanos criaram – as pirâmides do Egito, a Grande Muralha da China, a união das nações de forma a parar o Hitler, a chegada do homem à lua, a construção de arranha-céus em qualquer cidade moderna. Quando você faz isso, *está contemplando atos de colaboração*. Porque as pessoas se uniram, trabalharam juntas, compartilharam de uma visão e atingiram o que seria impossível de se atingir sozinho ou separadamente. Como fruto de um esforço colaborativo, o incrível aconteceu. Esta é a magia da colaboração.

Pense nas grandes corporações que existem hoje: na indústria automobilística, a General Motors, a Ford, a Toyota etc.; na indústria de T.I., a Microsoft, a Apple, a Google etc.; no ramo bancário, e assim por diante. Quando você faz isso, está contemplando *atos de colaboração – seres humanos operando como parceiros colaborativos.*

Portanto, a colaboração é boa para fins de obtenção de lucro *e* para se atingir o fim que empresas altamente bem-sucedidas almejam – *pessoas* e a *paixão*. Em outras palavras, por meio da colaboração você pode criar sinergias fora da dicotomia entre o que muitos pensam ser opostos, o lado duro e o lado suave dos negócios. A colaboração pode realmente resolver tanto os problemas que as empresas sofrem hoje, como a excessiva ênfase unilateral no dinheiro como único critério de sucesso corporativo. O dinheiro é importante, mas não é o único propósito de uma empresa. O negócio também requer um foco nas *pessoas*; exige pessoas responsáveis, éticas e cooperativas. Isso salva empresas da mentalidade de competição entre setores, práticas comerciais antiéticas, do sacrifício de pessoal visando o retorno sobre o investimento etc.

Na melhor das hipóteses, uma visão colaborativa desencadeia potenciais ocultos e inexplorados que, por sua vez, podem criar um mundo melhor para todos. A colaboração facilita uma visão mais ampla sobre o trabalho, as organizações e as corporações. É algo que transcende o lucro, simplesmente.

A colaboração permite que as pessoas *boas* sejam *excelentes* juntas. A própria experiência de colaboração faz com que mudemos, altera a forma como nos relacionamos no ambiente de trabalho e as culturas empresariais e políticas que herdamos. Por meio da colaboração, também podemos aproveitar as expressões emergentes de criatividade que nos colocam, e nossas organizações, na vanguarda da inovação – liderando uma indústria e pioneirando novos produtos, serviços e informações.

A visão colaborativa é sobre *quem somos juntos* e sobre *a qualidade da maneira como nos relacionamos*. A visão de colaboração, portanto, expande o que fazemos e os resultados que criamos juntos. Potencialmente, também expande a qualidade de nossos relacionamentos.

Aqui, então, dois grandes benefícios da colaboração. Em primeiro lugar, somos capazes de obter, juntos, resultados que não podemos alcançar sozinhos. Em segundo lugar, a qualidade da nossa experiência em grupo, a cultura que resulta disso, nos proporciona uma vantagem competitiva, bem como fazer parte de uma comunidade da qual podemos desfrutar.

O fomento da colaboração também aborda um dos problemas mais destrutivos, que preocupa todas as empresas e organizações – falta de engajamento. Os funcionários que não estão envolvidos no negócio, que estão entediados, resistentes e desleais, são pessoas que custam à empresa. Também são pessoas perigosas – um perigo para o espírito de equipe, para a criatividade e para a sustentabilidade. A cultura colaborativa muda. O trabalho torna-se mais atraente devido à qualidade de nossos relacionamentos no local de trabalho e à qualidade do trabalho em equipe.

Quando você consegue fazer com que as pessoas realmente se importem, se conectem e trabalhem juntas, todo tipo de ideias e projetos criativos emergem. Às vezes isso pode significar que as pessoas comecem a ter um senso de como elas podem acessar seus valores mais elevados, tais como fazer a diferença no mundo ou contribuir com o bem maior. Quando isso acontece, ainda mais é desencadeado, e isso pode levar uma organização a um nível completamente novo.

O Poder da Colaboração

Existe um poder incrível na colaboração. Podemos fazer muito mais juntos do que sozinhos ou separados, e a história humana demonstrou isso repetidamente. Líderes heróicos sozinhos não são nada se não conseguem promover a colaboração.

O poder da colaboração foi o que fez surgir essa era da ciência, tecnologia, exploração espacial, redes sociais etc. Considere a incrível imensidão da colaboração do CERN, em Genebra, na Suíça. O CERN, nome oficial da Organização Europeia para Pesquisa Nuclear, é uma colaboração internacional em larga escala de pessoas de setenta países trabalhando em conjunto. Palestinos e israelenses trabalham lado a lado, cientistas iranianos e iraquianos trabalham juntos. Ao todo, mais de 3.000 cientistas e 14.000 funcionários de suporte[1]. Se a colaboração possibilita a ciência, a tecnologia, as artes, e a civilização, então, o que é colaboração?

Colaboração são pessoas trabalhando juntas em uma parceria para criar algo que nenhum indivíduo pode criar ou fazer por si mesmo.

Esse estado de espírito especial é muito mais do que apenas cumprir a autoridade. Trata-se de positiva e ativamente querer e agir em unidade com os outros para alcançar um objetivo comum.

Se a colaboração refere-se ao trabalho com os outros, *o oposto seria seguir sozinho.* Isso inclui o impulso pela independência, a separação e seguir por conta própria quando ninguém mais acredita em sua visão. A coisa fascinante sobre os seres humanos é que todos nós sentimos a atração de ambas as forças; elas estão embutidas em nossa própria neurologia e psicologia. Queremos ser independentes *e* queremos fazer parte de uma comunidade. Queremos ser verdadeiros com o o nosso eu mais íntimo *e* queremos fazer parte de uma equipe vencedora.

Todos começamos a vida dentro de uma colaboração, visto que nascemos dentro de uma família, uma comunidade, uma cidade, uma nação etc. Sem os outros, nós absolutamente não sobreviveríamos. Todas as necessidades humanas mais básicas são atendidas por outros. Em seguida, começa a atração desenvolvimental dentro de nós para nos separarmos, nos individualizarmos, tornarmo-nos um eu por nosso próprio direito, definirmo-nos e encontrarmos nosso próprio caminho. Isso inicia o processo de individuação da infância e da adolescência à medida que nos tornamos adultos independentes. No entanto, ao mesmo tempo, sentimos um novo impulso emergente – o impulso social, a atração de fazermos parte de um grupo, de ter amigos próximos, de encontrar uma pessoa especial para amar, de tornarmo-nos interdependentes.

A atração da colaboração surge porque somos seres sociais com necessidades sociais – por amor e carinho, por vínculo, por companheirismo, por ter colegas, por ser parte de uma equipe vencedora, por sermos reconhecidos pelos pares, por contar com o olhar deles, e assim por diante. No entanto, tantas coisas podem prejudicar essa atração. Muitas pessoas estão bloqueadas para colaborações criativas porque precisam que as coisas sejam "do seu jeito". Elas precisam ter reconhecimento e atenção constantes.

Outros estão bloqueados para colaborações efetivas porque não aprenderam habilidades sociais básicas: ouvir, apoiar, validar, confirmar, estar presente. Não aprenderam as lições do jardim de infância – como jogar bem com os outros. São mandões, exigentes, egocêntricos, críticos, sarcásticos, rudes etc. Não são bons membros de equipe.

> "Nenhum homem é uma *ilha* em si mesmo; todo homem é um pedaço do *continente*, uma parte do todo..." John Donne, Meditação XVII, 1623

Existem muitos outros blocos que interferem a colaboração efetiva: medo da mudança, interesse investido no status quo, medo da perda da sua identidade em um grupo, incapacidade de fazer parte de uma comunidade, falta de visão, intolerância etc. Vamos abordá-los nos próximos capítulos.

No entanto, no mundo interligado de hoje, a colaboração é mais importante do que nunca. Nem indivíduos nem nações podem se dar ao luxo de "seguir sozinhos", operar isoladamente ou atuar como independentes do resto do mundo. Perceber que "Grandes Objetivos Audaciosos e Peludos" requerem que as pessoas trabalhem em conjunto eficazmente como equipes de alto desempenho. Hoje, as empresas estão buscando equipes de autogestão que forneçam liderança e gerenciamento de forma colaborativa para uma área de responsabilidade.

Para alcançar esse nível de alta performance, precisamos ter indivíduos autorrealizáveis – *as pessoas querem e sabem como operar sendo parte de uma equipe de alta performance*. Elas precisam saber como aproveitar as diferenças únicas uns dos outros e permitir que as pessoas sintam –se como uma parte importante do grupo. Para facilitar isso, precisamos de liderança colaborativa. Precisamos de líderes que tenham a capacidade de estabelecer uma visão, que sejam pioneiros em um estilo colaborativo, que unam as pessoas e atravessem o conflito das diferenças individuais para que um espírito de grupo emerja.

Hoje, algumas das empresas mais bem-sucedidas são o resultado de parcerias colaborativas – pessoas que trabalham juntas em benefício mútuo. É nossa convicção que aqueles que não desenvolvem esse poder pessoal serão deixados para trás.

O que é colaboração?

Para uma definição clara de *colaboração*, começamos com a própria palavra: *com (co-)* e *labor (trabalho)*. Como uma definição operacional, a colaboração é:

- Trabalhar inteligentemente *com* outras pessoas por uma visão e benefício mútuos.
- Uma forma de coliderança com outros que traz à tona o melhor em todos, que atinge resultados que não poderiam ter sido alcançados sozinhos.
- A experiência de pessoas trabalhando juntas, como parceiras, para criar algo que uma única pessoa não poderia ter feito sozinha.
- Aprender uns com os outros, compartilhar o conhecimento livremente, ajudar uns aos outros a completar tarefas e cumprir os prazos, e compartilhar recursos para um bem comum.
- Utilizar as diferenças individuais para criar a sinergia necessária para a resolução de problemas.
- Trabalhar juntos, como uma equipe, e não como indivíduos desconectados.
- A capacidade de se unir para atualizar uma visão compartilhada ou resolver um problema e inovar, gerar uma nova solução.

Em colaboração, duas ou mais pessoas se juntam para unir seus entendimentos, habilidades e recursos de forma a alcançar um resultado mais rico e completo do que qualquer pessoa poderia alcançar sozinha.

Isso significa que a colaboração é uma maneira criativa de interagir conectar-se com uma ou mais pessoas, de forma a incentivar a diversão, a criatividade e a riqueza de recursos. Onde há uma colaboração verdadeira, há *uma sinergia criativa de 7diferenças*. Essa sinergia criativa unifica as pessoas e permite elas experimentem um intenso e elevado nível de criatividade em ideias e ações. Como fruto disso, com frequência surgem resultados surpreendentes e sem precedentes.

De Quanta Colaboração Você Deseja?

Toda forma de colaboração não é igual, nem na natureza nem no caráter, nem em grau. Utilizamos um contínuo para ajudar as pessoas a determinar a quantidade de colaboração que considerem apropriada. Nossa experiência é a de que as pessoas acham essas distinções muito úteis. O continuum varia de competição a sinergia (Figura 1).

Figura 1

Competição	Complacência	Coordenação
Compete com os outros.	Segue passivamente, tolerando o líder ou grupo.	Organiza o tempo e os esforços para coordenar a atividade
Cooperação	**Colaboração**	**Sinergia**
Buscam trabalhar juntos, com ânimo	Compartilham uma visão de possibilidades; espírito de equipe, o melhor para todos	Utilizam suas diferenças únicas para gerar síntese.

Tipos de Colaboração

Determinar o tipo de colaboração ideal é igualmente útil. Aqui estão seis tipos a se considerar:

1. *Colaborações ad hoc*: as pessoas se unem por um tempo limitado para trabalharem juntas em um projeto ou problema e, em seguida, o grupo se dissolve.

2. *Colaborações em longo prazo*: equipes, comitês e conselhos, geralmente uma estrutura permanente dentro de uma organização; parceiros na vida pessoal.

3. *Colaborações de crise*: pessoas que se reúnem para resolver crises inesperadas, para se tornar uma equipe de emergência.

4. *Colaborações interpessoais*: grupo de indivíduos que trabalham em conjunto para uma visão comum.

5. *Colaborações interorganizacionais*: duas ou mais organizações trabalhando juntas em um problema ou visão comuns.

6. *Colaboração dirigida por líderes*: líder individual que convoca outros para trabalhar com ele(a) para atingir uma visão.

Benefícios da Colaboração

- *Resultados maiores*: a colaboração nos permite atingir, juntos, resultados que são grandiosos demais para serem atingidos sozinhos ou separados dos outros e desencadear potenciais.
- *Retorno financeiro elevado*: colaborações de alta qualidade aumentam o retorno financeiro nas organizações.
- *Desafios maiores*: a colaboração nos permite assumir desafios que são grandes demais para um único indivíduo.
- *Gerenciar riscos*: a colaboração bem gerenciada pode reduzir o risco e os medos que acompanham o risco.
- *Vantagem competitiva*: muitas das empresas de ponta estão ganhando vantagem competitiva. Eles acessam mais talentos para aumentar as sinergias que favorecem as inovações.
- *Enfrentar a incerteza*: a colaboração nos permite enfrentar a incerteza e a ambiguidade, que é necessária para a criatividade, à medida que dependemos uns dos outros.
- *Vitalidade*: a colaboração nos permite ter mais diversão no trabalho, sermos mais brincalhões e otimistas, adicionando *algo substancial* à organização.
- *Diversão*: a colaboração permite que grupos e equipes experimentem maiores níveis de criatividade e diversão.
- *Aprendizagem*: a colaboração promove o aprendizado em grupo ou em equipe que transcende a aprendizagem individual.
- *Relacionamentos de qualidade*: a colaboração enriquece a qualidade dos relacionamentos no trabalho, uma menor atribuição que retém as melhores pessoas.
- *Cultura de alta qualidade*: a colaboração enriquece o tipo de cultura nas organizações, aumentando a qualidade dos produtos e serviços criativos.

- *Trabalho em equipe*: as colaborações podem inspirar as pessoas a *querer* fazer parte de um grupo, equipe ou organização.
- *Desencadeamento de potenciais*: a colaboração facilita o desencadeamento do potencial em todos os participantes.
- *Novas Gestalts*: a colaboração pode desencadear uma sinergia para criar coisas que são muito "mais do que a soma das partes".
- *Inteligência emocional*: a colaboração pode aumentar a confiança e a inteligência emocional, de modo que exista mais autogestão, autoliderança, maturidade e senso de responsabilidade.
- *Inspiração*: a colaboração aumenta a inspiração e a motivação, enquanto trabalhamos em algo maior que nós mesmos. Isso melhora a moral.
- *Resiliência*: a colaboração nos torna mais resilientes porque temos outros com quem podemos contar quando as coisas ficam difíceis.
- *Organizações humanas*: a colaboração nos permite tornar nossa vida profissional mais humana e humanitária. Isso reduz o estresse, o desengajamento, o roubo etc.
- *Criatividade*: "A colaboração é um dos segredos mais bem guardados da criatividade." (John Briggs)

"O retorno médio da colaboração é aproximadamente quatro vezes o investimento inicial de uma empresa."[1] (*O Imperativo colaborativo*, p. 208)

Embora a colaboração possa ter muitos benefícios, *é necessário haver liderança para se criar e promover uma colaboração efetiva*. Isso não ocorre sem liderança intencional. Muitas vezes, é preciso uma liderança determinada com uma visão e uma atitude. Em particular, requer líderes que sejam especialmente experientes em lidar com conflitos e diferenças.

David Chrislip apresentou a premissa colaborativa em seus livros sobre colaboração:

"Se você reunir as pessoas apropriadas de forma construtiva com boas informações, elas criarão visões e estratégias autênticas para abordar as preocupações em comum da organização ou comunidade". (*Collaborative Leadership*, p. 14)

Warren Bennis, *On Becoming a Leader*, argumenta que a colaboração não é apenas a onda do futuro, mas a demanda do futuro:

> "Nada no mundo de hoje é mais simples do que era ou mais lento do que era, o que torna a capacidade de colaborar e facilitar grandes colaborações mais vitais do que nunca"[2].

Como Você Faz Isso?

Ser colaborativo é um ato de liderança.

A colaboração requer homens e mulheres que iniciem, inspirem e orientem o processo. *Isso porque ser colaborativo é, em si, um ato de liderança.* Sempre que alguém une outras pessoas para assumir um projeto ou visão compartilhada, eles estão demonstrando liderança.

A liderança colaborativa requer a capacidade de ver possibilidades apesar do conflito, das barreiras, do pensamento egoísta e dos egos gigantes. Para que um líder dê um passo adiante de forma a se tornar um líder colaborativo, é peciso, antes, assumir a responsabilidades desses desafios, seja o líder um homem ou uma mulher.

Liderando a Colaboração

Liderar é, essencialmente, o processo de tornar possível que as pessoas trabalhem em conjunto de forma eficaz. O que é, então, um líder colaborativo?

Um líder colaborativo é aquele que é capaz de fazer com que as pessoas trabalhem juntas, de forma eficaz, para aumentar a produtividade e a eficiência.

Isso não é fácil. Não é algo que acontece da noite para o dia. Leva tempo. Como se chega lá? Como um líder cria esse nível e qualidade de colaboração? Para conseguir isso, os líderes desenvolvem a inspiração e o *know-how* necessários para conseguir que as pessoas colaborem na produção de um esforço de equipe. Um líder eficaz tem o que poderia ser considerado um presente "mágico", isto é, o de possibilitar que as pessoas trabalhem juntas de forma que se venha à tona o seu melhor, para que todos "ganhem" e desfrutem do processo.

Uma liderança colaborativa também precisa ser capaz de confrontar as pessoas em seus comportamentos não-colaborativos, ao mesmo tempo em que as convida a assumir um nível mais elevado de colaboração. A visão do líder colaborativo vai além da política paroquial e de setorização. Ele se atreve a desafiar as pessoas a trazerem consigo suas diferenças para que se tornem fontes de criatividade.

Se você não acha isso mágico, reflita por um momento sobre aqueles que não possuem essa capacidade de liderança. A dura verdade é que nem todos os que assumem a liderança são capazes de facilitar a colaboração. Muitos líderes agem de forma a fazer com que as pessoas tomem partido e desperdicem sua energia em conflitos. Eles mantêm segredos, elegem favoritos e colocam facção contra facção para manipular as coisas em benefício próprio. Assim, não só as pessoas *não* colaboram, como mal cooperam. Agir dessa maneira mina a colaboração.

O Segredo da Liderança Colaborativa

Qual é o segredo na criação de colaboração entre pessoas? Quais são as qualidades e habilidades de liderança que permitem que alguns líderes sejam tão eficazes em promover a colaboração? Quais são as premissas, crenças, valores e entendimentos dos líderes capazes de unir pessoas, inspirar-lhes uma visão que vai além de si mesmos e organizar as coisas de maneira que as pessoas gostem de cooperar e se divirtam muito fazendo parte de uma equipe vencedora? Essas questões críticas são as que abordamos nos capítulos seguintes.

Pense nos problemas e dores de cabeça da situação oposta. Sabemos o que acontece quando um líder *não consegue* inspirar e organizar a colaboração: problemas, problemas organizacionais, problemas gerenciais-trabalhistas, problemas financeiros, de eficiência, conflitos, estresse, despesas, escândalos, corrupção e assim por diante. Hoje em dia, na maior parte das empresas, o *capital* real do negócio não está pautado mais em edifícios, contas bancárias e máquinas; mas sim em *pessoas*. Hoje falamos em termos de capital intelectual, capital criativo, capital relacional etc. Esse é outro motivo para se modelar líderes capazes de criar colaborações efetivas.

Aprofundando Nosso Entendimento sobre Colaboração

À primeira vista, a ideia e a visão da *colaboração* soam diretas e simples. Contudo, na realidade é uma experiência muito rica e dinâmica, que envolve muitos fatores. Por meio de pesquisa identificamos muitas das facetas e fatores necessários à colaboração. Estes aprofundaram o nosso entendimento e apreciação dela.

Em primeiro lugar, a colaboração requer habilidades.

Na colaboração, ao unir as pessoas, você precisa lidar com as diferenças e os conflitos que as diferenças evocam nas pessoas. A partir disto é que surge a colaboração – quando as pessoas compartilham uma visão, e são organizadas de forma que possam contribuir com o seu melhor no trabalho em equipe. Isso nos assegura de entender a colaboração como algo puramente sentimental; a colaboração, na verdade é uma habilidade que exige confrontação.

Em segundo lugar, a colaboração necessita de uma proposta do tipo ganha–ganha, que todos entendam e aceitem. Para se liderar uma equipe colaborativa, todos no grupo ou equipe devem sentir que estão ganhando. Compare isso com a atitude competitiva, em que alguém procura ganhar à custa de outro. Tal competição visa obtenção de vantagens sobre outros, ou buscar vingança contra alguém que esteja tendo sucesso. É a perspectiva da escassez, que é oposta ao pensamento colaborativo; "Não há o suficiente para todos."; "É um jogo de soma zero: ganhar ou perder". Ou então podem haver interações do tipo "transação", de forma que alguém usa ou explora o outro para atingir o que deseja.

Em terceiro lugar, a colaboração começa com a autocolaboração. A base para atingir a colaboração com os outros é colaborar consigo mesmo: a autocolaboração. Quando se trata de colaboração, podemos colaborar com indivíduos separadamente, com um grupo inteiro ou com outros grupos, como membros de um grupo. A autocolaboração requer que você esteja razoavelmente integrado, em vez de ser conduzido por conflitos internos. Esta saúde emocional é o que possibilita que você alcance resultados quando estivá colaborando com os outros. Poderíamos dizer que *somente os fortes podem colaborar.*

Em quarto lugar, colaborações não são sempre as mesmas. Como você irá descobrir, existem diferentes graus e intensidades de colaboração. Isso pode envolver uma variedade de comportamentos, desde a coordenação de atividades, a cooperação em um projeto ou atividade, engajar-se de mente e coração em uma visão, ou investir em algo maior do que a si mesmo.

Em quinto lugar, a colaboração é algo tão natural que você já está colaborando. Ela é fundamental para uma vida bem-sucedida. Em última análise, colaborar é se relacionar. Pergunte-se:

- Onde eu já colaboro e com quem?
- Onde eu colaboro na minha vida privada? Na minha profissão?
- Onde você já se encontra colaborando em sua vida?

Podemos perceber dois tipos de relacionamentos colaborativos: aqueles que são instrumentais e aqueles que são visionários.

1. *Relacionamento colaborativo instrumental:* são colaborações limitadas no tempo e com um fim específico, geralmente para um propósito e período de tempo específico. Neste tipo, é importante pensar sobre como será o fim da colaboração, ou seja, criar sua estratégia de saída logo no começo.

2. *Relacionamento colaborativo visionário:* estas geralmente são colaborações de longo prazo que vão além dos próprios participantes e que visam deixar para trás um legado.

Em sexto lugar, a colaboração requer uma série de comportamentos. Esses comportamentos variam de interações de baixo, médio até alto nível. As palavras que normalmente usamos para descrever esses diferentes tipos e níveis são: coordenação, colaboração, envolvimento (colaboração), compromisso.

Sétimo, a colaboração efetiva requer um conjunto de competências essenciais. As habilidades de colaboração são habilidades relacionais de alto nível. Tentar colaborar sem a inteligência emocional (Q.E.) e a inteligência social (Q.S.) necessárias, contando com algum truque, não irá funcionar no longo prazo. As pessoas podem considerar esse comportamento como inautêntico e até mesmo manipulador.

Oitavo, uma colaboração efetiva produz resultados mensuráveis. Nós colaboramos para um propósito, ou seja, para alcançar um objetivo. Fazemos isso para obter resultados que podem ser medidos. Sem colaborar, ou você irá se sobrecarregar com tudo o que tem que ser feito para atingir algo de classe mundial, ou irá reduzir seu objetivo a algo medíocre.

Nono, a colaboração melhora sua qualidade de vida e autoconfiança. Quando a colaboração é bem realizada, ela enriquece a experiência de vida das pessoas. Ela expande a visão do que é possível e possibilita que as pessoas tenham a experiência de fazer parte de uma equipe vencedora. A colaboração nos possibilita deixar de ser medíocres para alcançarmos coisas incríveis.

Décimo, a colaboração exige uma liderança forte, uma liderança situacional. A colaboração requer um tipo especial de liderança. Ao contrário da liderança do tipo "todo poderoso", do tipo herói, do tipo "comando e controle", a liderança colaborativa é funcional e situacional, de forma que a pessoa mais adequada a liderar ou orientar assuma o papel.

Décimo primeiro, a colaboração é multidimensional. Ou seja, a colaboração ocorre em diferentes níveis. Em primeiro lugar, existe um indivíduo que colabora com um ou mais indivíduos. Assim, existe a colaboração entre indivíduos e um grupo (como um bom membro de equipe). Depois desta, há a colaboração entre grupos. Geralmente, se você não consegue colaborar com outros individualmente, é muito improvável que consiga colaborar individualmente com um grupo, ou de grupo para grupo.

O Ingrediente que faltava na Liderança

O ingrediente essencial da liderança é a capacidade de colaborar e criar parcerias colaborativas. A capacidade de colaboração é uma habilidade necessária para quem quer ser um líder eficaz.

Se você quer das pessoas algo além da conformidade, se quiser ganhar a mente e o coração delas, deve colaborar com elas. O "comando e controle" não criará um espírito de equipe ou um estilo colaborativo. O que acontece se você não colaborar? Quais são as consequências se não desenvolver seus conhecimentos e habilidades colaborativas? Você prejudicará sua capacidade de liderar. Você cortará, pela raiz, o desejo das pessoas de seguir sua liderança e fazer parte da sua visão.

Seus Próximos Passos como Líder Colaborativo

Assuma que você está em sua própria jornada de colaboração ao ler cada capítulo. Invente ou descobra seus próprios passos da liderança colaborativa anotando duas ou três das ideias mais importantes que leva consigo de cada capítulo. Então, pergunte-se: "Dadas essas ideias, que diferença elas poderiam fazer em minha vida?" Anote de uma a três coisas que você pode *colocar em prática*.

À medida que você inicia esta jornada, aqui estão algumas perguntas iniciais sobre as quais você pode refletir:

- Você sabe colaborar eficazmente com os outros?
- Você é colaborativo por natureza, e em estilo?
- Você gosta do processo de colaborar com os outros?
- Você sabe ser um eficaz membro de equipe?

Notas do Fim do Capítulo

[1] Esta citação é originária de Frost e Sullivan e apadrinhada pela Cisco e Verizon, em 2009. "Meetings around the world: Charting the Course of Advanced Collaboration".

[2] Warren Bennis, *On Becoming a Leader,* página *xxiii,* Edição revisada, 2003.

[3] O CERN, o maior colisor de elétron-positron do mundo, é um círculo de 27 milhas localizado no subsolo profundo e que custa vários bilhões de dólares.

* * *
Capítulo 2

ONDE VOCÊ ESTÁ?

Olhando no Espelho:
Sua Autoavaliação Colaborativa

Onde você está como Líder Colaborativo?
Você sabe?

"A meta da colaboração não é a colaboração em si,
mas excelentes resultados."

Morten T. Hansen, Collaboration

"Nada no mundo hoje é mais simples do que era ou mais lento do
que era, o que torna as capacidades de colaborar e de facilitar grandes
colaborações, mais vitais do que nunca."

Warren Bennis, On Becoming a Leader
(xxiii, Edição Revisada, 2003)

Agora que você sabe o que é colaboração e o que ela é capaz de fazer, e que você tem um imenso poder para desencadear potenciais e possibilidades, criamos este capítulo para que possa fazer um balanço dos desafios com os quais precisará lidar. Se o futuro pertence aos que colaboram, aprender a colaborar possibilitará que você se torne um líder no futuro. Além disso, como a colaboração possibilita que as pessoas unam suas diferenças e conflitos em uma sinergia que facilita a criatividade e a inovação, negócios bem-sucedidos se tornarão cada vez mais colaborativos no futuro.

A colaboração é o melhor caminho para se alcançar resultados que não podem ser atingidos sozinho. Para tornar isso prático, este capítulo oferece a você uma avaliação individual de colaboração.

Você como um Líder Colaborativo

Como está o seu retrato como líder colaborativo? Se você se colocasse na frente de um espelho para esta *Avaliação Individual de Colaboração*, que tipo de imagem estaria refletida? A colaboração é uma parte essencial do seu estilo de trabalho? Os outros veem você como um líder colaborativo? O que o espelho revelaria? Pergunte-se:

- Sou uma pessoa colaborativa?
- Qual seria o resultado do balanço da colaboração e da competição na sua personalidade?
- Onde estou agora em termos de liderança colaborativa?
- Quais são os meus próximos passos para me tornar um líder colaborativo?

As perguntas a seguir servem para aferição, e estão focadas em sete áreas distintas. Estas perguntas possibilitarão que você descubra novos aspectos de colaboração e irão fornecer um perfil da sua capacidade de colaboração.

As Sete Perguntas da Colaboração

1. Quão confiante e seguro estou de mim de forma que eu possa oferecer algo meu para colaborar com os outros?
2. Sou flexível o suficiente para me adaptar aos outros para que algo maior emerja, ou eu tenho que fazer as coisas do meu jeito?
3. Posso abrir mão de fazer do meu jeito visando ao bem maior do grupo ou estou arraigado em ter de fazer do meu jeito?
4. Se eu realmente não me importasse com quem recebe os créditos, como iria agir e interagir com as pessoas?

5. Consigo manter-me focado no resultado maior e nos motivos da colaboração, ou fico preso no nível de posições, posturas e conteúdos?

6. Posso fazer distinções entre meios e fins; recursos e objetivo final, de modo que eu esteja disposto a trabalhar as diferenças e conflitos para alcançar o objetivo?

7. Quão importante é, para mim, que aqueles com os quais eu estou colaborando consigam ganhar, assim como eu?

A Pergunta da Confiança Pessoal

1. Quão confiante e seguro estou de mim de forma que eu possa oferecer algo meu para colaborar com os outros?

À primeira vista, a colaboração, para muitos, parece tão natural, tão inevitável, tão necessário, que ingenuamente perguntamos, como fez Rodney King, depois de sofrer espancamento durante o motim de Watts, em Los Angeles: "Por que não conseguimos simplesmente nos dar bem?". O que acontece conosco, humanos, que nos esforçamos tanto para nos dar bem um com o outro? Por que de tanta competição, batalhas, conflito e guerras?

A colaboração é tão desafiadora quanto desejável e produtiva. Por essa razão, às vezes pode parecer *assustadora*. O que a torna desafiadora? Geralmente é exigida certa maturidade e desenvolvimento pessoal para se entrar em uma relação compartilhada e mútua de dar e receber. E isso é o que a colaboração requer de nós. Para participar desse jogo maior, você precisa sentir que tem algo seu a contribuir para isso, que está confiante consigo mesmo e que não está inseguro e duvidando de si mesmo. A competição dos outros, ou mesmo a superioridade deles em algo não representa uma ameaça ao seu próprio valor. Este é o desafio da colaboração: você pode dar de si mesmo e contribuir para algo que o transcenda?

Quando colabora, você não pode mais ser "o Grande Líder" ou "O Caçador Solitário". O desafio é que você não pode reivindicar todo o crédito por um grande sucesso. Você tem que compartilhá-lo. O perigoso é, se não tem um senso sólido de si mesmo, o suficiente para que possa tirar o seu ego do caminho, você não poderá colaborar ou desfrutar da visão dos outros crescerem e terem êxito.

Esta primeira pergunta trás à tona duas questões distintas. A primeiro é sobre sua capacidade ou habilidade. Você está confiante de que é capaz, de que tem o know-how e as habilidades necessárias para poder colaborar? Você sabe como colaborar? Você está confiante de que consegue traduzir este conhecimento em ação?

A segunda questão tem a ver com o quanto a colaboração, e as habilidades de colaboração, afetam seu senso de si mesmo. Você está confiante de que, como pessoa, é capaz de se estender aos outros, cooperar e trabalhar com eles? A partir destes dois aspectos, podemos criar um modelo com dois eixos: Disposição e Capacidade (ver Figura 2).

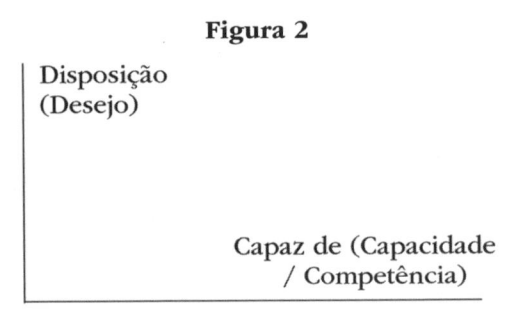

Figura 2

```
Disposição
(Desejo)



                    Capaz de (Capacidade
                      / Competência)
```

Esta questão apresenta dois requisitos bastante distintos para desenvolver-se como um líder colaborativo. Um tem a ver com aprender as habilidades de colaboração e o outro tem a ver com aprender a confiar, ou talvez voltar a confiar.

Então, vá em frente e avalie-se em uma escala de 0 a 10 em relação à sua confiança. Faça uma marcação (√) onde você estaria (seu ponto de vista) e se pudesse se mover em contextos diferentes, coloque colchetes [√] para definir o intervalo.

Falta	Conhecimento Prático			Confiante
Incerto / Inseguro	0	5	10	

	Desejo e Querer			
Indisposição	0	5	10	Disposição

Isso também nos confere uma forma de aferir de algumas das diferentes combinações possíveis. Descrevê-las é muitas vezes útil para promover discussões em equipe, bem como autoavaliação. À medida que você olha para as diferentes potencialidades, veja qual é seu ajuste e também se qualquer uma dessas descrições se encaixa no perfil de alguém que você conheça.

Figura 3

Desejo de Colaborar	Pouco ← → Muito	
Muito	Eu tenho o desejo, mas não a capacidade	Eu tenho tanto o desejo quanto a capacidade
Pouco	Eu não tenho nem o desejo, nem a capacidade	Eu tenho a capacidade, mas não o desejo

Capacidade de Colaborar

A Pergunta sobre Flexibilidade e Adaptação

2. Sou flexível o suficiente para me adaptar aos outros para que algo maior emerja, ou eu tenho que fazer as coisas do meu jeito?

Essa pergunta identifica um dos pré-requisitos para a colaboração: *flexibilidade para se adaptar aos outros*. O inverso disso é ser rígido e limitado ao seu próprio jeito. A rigidez pode assumir a forma de um dogmatismo pessoal, até mesmo fundamentalismo, conforme expresso na frase de para-choque: "Ou faz do meu jeito ou cai fora".

O que impulsiona a rigidez? Pensamento do tipo Ou-Senão. Essa forma de pensar apresenta as escolhas em um formato preto ou branco, que pressupõe a existência de apenas duas opções disponíveis.

Quando você tem esse tipo de dicotomia, então tem uma situação que coloca uma pessoa no "chifre de um dilema": "Ou isto ou aquilo! Qual será a sua escolha?".

A flexibilidade para se adaptar significa ser capaz de "caminhar uma milha nos sapatos do outro" e experimentar o ponto de vista do outro. A flexibilidade na adaptação às outras pessoas atesta uma habilidade básica social e relacional que, idealmente, aprendemos enquanto crianças. Nós aprendemos a jogar bem em grupo? Trata-se de participar de um dar e receber. O que é necessário para se fazer isso, enquanto crianças ou adultos, é a inteligência emocional necessária para se ter consideração e empatia.

- Então, quando me engajo com outros em uma atividade relacionada ao trabalho, em um projeto comunitário ou em uma aventura com outras pessoas que compartilham valores e visão comuns, quanta flexibilidade eu tenho para me adaptar aos outros?
- Eu opero a partir de uma suposição inconsciente de que "meu jeito" é, obviamente, o jeito certo ou o melhor jeito?
- Eu me sinto posto de fora ou desrespeitado quando as pessoas querem fazer as coisas de uma forma diferente da minha?
- Eu fico irritado e aborrecido, como se eu quisesse me afastar da interação social e simplesmente fazer sozinho?
- Além disso, quando percebo que existem maneiras diferentes e que a maioria quer fazer de uma forma distinta da minha, quanta flexibilidade de adaptação consigo demonstrar?

Avalie-se de acordo com a seguinte escala, de 0 a 10.

Teimosia	Adaptável			Flexível
Rigidez	0	5	10	

A Pergunta da Escolha do Bem Maior

3. Pelo bem maior do grupo, posso deixar de lado o meu jeito de fazer?

Penso em termos de um objetivo maior ou de um bem maior além do meu? É no momento em que diferentes mentes e corações se juntam e precisam escolher uma maneira de fazer as coisas que cada um de nós chega a um ponto de escolha significativo na vida. Eu finco minhas raízes, fico arraigado, "tem que ser do meu jeito", ou eu realmente posso abrir mão do meu jeito para o bem maior do grupo?

Essa escolha entre teimosia e condescendência não é uma escolha do tipo Ou-Senão; há uma variedade de posições com graus de teimosia e graus de complacência.

- Contudo, no final, eu fico preso em uma posição como se ela fosse única, ou eu posso pensar em termos de um bem maior para todos no grupo, ou família, ou empresa, ou organização?
- Eu tomo o tempo e esforço necessários para comunicar minhas intenções e ouvir as intenções dos outros?
- Eu me envolvo suficientemente em uma conversa para que possa descrever adequadamente os pontos de vista dos outros ou eu opero a partir das minha suposições a respeito do que eles entendem e estão tentando fazer?
- Nós, como um grupo de pessoas, temos uma visão compartilhada de um bem comum?
- Nós achamos a visão inspiradora e forte o suficiente para evocar o nosso melhor?

Avalie-se de acordo com a seguinte escala, de 0 a 10.

Eu foco somente no meu bem				Eu também foco no bem maior
Tem que ser do meu jeito	0	5	10	Eu posso e irei me adaptar aos outros

A Pergunta do Reconhecimento e Aclamação

4. Eu me importo com quem recebe os créditos?

Uma das grandes barreiras à colaboração é o orgulho, o ego e o desejo por reconhecimento. Então, esta pergunta acessa seus sentimentos pessoais em relação a uma aventura colaborativa e o quanto seus investimentos de ego podem entrar no meio do caminho. Suponhamos que deixemos de lado quem recebe o crédito, quem recebe a glória, quem é reconhecido, de quem é o nome no produto etc.

- Partindo disso, como você procederia?
- Como trataríamos os outros no grupo e interagiríamos com eles?

Se você tem um senso sólido de si mesmo, verá essas oportunidades como possibilidade de avançar. Um forte senso de seu valor próprio (ou autoestima) possibilitará que você fique focado em seu objetivo de longo prazo. Isso *não* significa que você nunca se esforçará por abrir mão de algum crédito. Afinal, você é humano. E um bom senso de si não é um interruptor de liga-desliga, de modo que, uma vez ligado, você nunca mais terá dificuldade novamente. O que significa é que é muito mais provável que você aja de forma correta quando chegar a ocasião.

À parte disso, a estima de si mesmo (autoestima) não é o mesmo que autoconfiança. A autoestima diz respeito a quem você *é* como pessoa, a autoconfiança relaciona-se com o que você pode fazer –como um ser humano; é a sua confiança no que você pode fazer. É a combinação dessas duas facetas do "eu" que possibilitam que você tenha um forte senso de si mesmo e esteja pronto para uma colaboração saudável. Paradoxalmente, é preciso ter muita autoestima para ser humilde. Então, seu senso de dignidade, valor e importância não estão em jogo se você consegue ou não que algum projeto seja do seu jeito.[1]

Avalie-se de acordo com a seguinte escala, de 0 a 10.

Eu recebo os créditos				Não se importa em
	0	5	10	receber os créditos

A Pergunta da Visão

5. Consigo manter-me focado no resultado e nos motivos da colaboração ou fico preso no nível de posições, posturas e conteúdos?

O que faz com que as pessoas se percam em alguns detalhes de forma a se perderem do todo é que elas estão presas em uma posição. Então, enquanto estão no processo de ganhar a batalha, perdem a guerra: tomando um remédio que bane todos os sintomas de uma doença, elas se envenenam com algo mais potente e se tornam viciadas, ou morrem.

Essa questão concentra-se em nossa capacidade de manter nossos olhos no resultado maior da colaboração – a visão que inspira e incita – e nas etapas e locais específicos ao longo do caminho. Uma das barreiras à colaboração de alta qualidade é ficar cego por alguma posição, o que, de alguma forma, parece assumir o controle, de maneira que a visão colaborativa, que representa o bem maior, perca-se no decorrer do processo.

Avalie-se de acordo com a seguinte escala, de 0 a 10.

Focado nos meios como sendo o mais importante				Focado nos fins
	0	5	10	Meios a serviço dos fins

A Pergunta dos Meios e Fins

6. Posso distinguir entre meios e fins; recursos e objetivo final, de modo que eu esteja disposto a trabalhar as diferenças e conflitos para alcançar o objetivo?

Você consegue distinguir claramente um *meio* ou valor *instrumental* de um valor *fim*? Em que medida você pode perder de vista a visão e o propósito geral de um projeto e ficar preso na retidão de uma metodologia particular? Quão flexível você pode ser, especialmente quando seu método favorito está sendo questionado?

Semelhante à pergunta cinco, sobre visão, é essa questão sobre meios e fins. "Começando com o fim em mente" (Stephen Covey) e tendo em mente que o fim da sua visão possibilita que você identifique os meios que o levarão até lá. Esses *meios* são os *processos instrumentais*. Eles são *um meio*, e não o fim. Em termos de valor, eles são valores instrumentais, não valores fins.

Embora isso possa parecer uma distinção simples e óbvia, é justamente quando os confundimos que supervalorizamos um *meio, o* que nos torna facilmente seduzidos a tratá-lo como um *valor fim*. Quando isso acontece, podemos nos tornar rígidos e dogmáticos sobre algo que deveria ser reconhecido como um processo instrumental. Nesse ponto, assumimos uma posição sobre *como* algo deve ser feito e tornamos isso tão importante que o sacrificamos em nome da visão maior por detrás. Quando isso acontece, eu tenho que encarar a pergunta sobre a minha vontade de trabalhar as diferenças e os conflitos em nome da colaboração.

Não vê benefícios ──────────── Vê benefícios
0   5   10

A Pergunta do Ganha-Ganha Mútuo

7. *Quão importante é, para mim, que aqueles com os quais eu estou colaborando consigam ganhar, assim como eu consigo?*

Colaboração envolve trabalho em conjunto, de tal forma que junto e separadamente colocamos em risco nosso tempo, esforço, dinheiro e pessoal. Dado esse nível de risco, se não houver um compromisso com um acordo do tipo ganha-ganha, as coisas podem muito rapidamente dar errado. Isso pode acontecer se você achar que outra pessoa está obtendo as vantagens, ou mais do que você.

Competições antiéticas e ineficazes surgem a partir do medo dos outros e da falta de confiança em si mesmo, e levam a uma competitividade ganha-perde. Agora você está em um jogo de soma zero, e isso prejudica a colaboração. Isso irá envenenar o espírito da aventura e representar uma barreira formidável para a colaboração. Então, em termos de benefício mútuo, você pensa tipo ganha-ganha? Está disposto a defender a ideia do ganha-ganhar e se certificar de que todos estão experimentando um "ganhar"? Você se importa com isso?

Avalie-se de acordo com a seguinte escala, de 0 a 10.

Ganha – Perde ──────────── Ganha – Ganha
0   5   10

Sua Pontuação Colaborativa

Como você se saiu? Usando essas perguntas simples de avaliação, onde você se encaixa atualmente em termos de colaboração? Talvez essas perguntas tenham realçado onde você precisa desenvolver ou expandir sua consciência das habilidades de colaboração necessárias.

Inseguro	0	5	10	Confiante
Rígido	0	5	10	Flexível
Tem que ser do meu jeito	0	5	10	Adaptável aos outros
Eu recebo os créditos	0	5	10	Não me preocupo com receber os créditos
Não vê benefícios	0	5	10	Vê benefícios
Focado nos meios como sendo o mais Importante	0	5	10	Focado nos fins Meios a serviço dos fins
Ganha – Perde	0	5	10	Ganha – Ganha

Seus Próximos Passos como Líder Colaborativo

Agora que você se olhou no espelho e tirou suas medidas, como você se vê? O que deseja fazer? Você ainda quer colaborar com os outros de forma mais eficaz?

Você já está pronto para colaborar com outras pessoas? Se estiver pronto e tiver coragem o suficiente, dê essas sete perguntas a três ou quatro pessoas que o conhecem muito bem e com as quais você colaborou em algo e deixe-as dar sua opinião sobre seu estilo e habilidades colaborativas. Para obter um feedback completo, leve as perguntas a alguns colegas, a alguém subordinado a você ou que recebe suas direções e orientações, ou a algum chefe ou gerente seu etc.

Nota do Fim do Capítulo

[1] Nós distinguimos dois aspectos entre os que muitas pessoas confundem. Um é autoestima – o valor ou o valor de si mesmo. O outro é autoconfiança, que se refere à confiança ou confiança em relação ao que você pode fazer. A autoestima diz respeito a quem você é como pessoa, um ser humano, a autoconfiança está relacionada com o que você pode fazer (como um ser humano).

* * *

Capítulo 3

O QUE É UM
LÍDER COLABORATIVO?

*É Preciso um Líder
para se Facilitar Colaborações*

Ser um Líder colaborativo não é sobre ser agradável ou apaziguador.
Trata-se de unir as pessoas para enfrentar um desafio
que é tão grande que não pode ser feito sozinho.

"Grandes líderes e seguidores estão sempre engajados em alguma
colaboração criativa."

Warren Bennis, On Becoming a Leader

A Colaboração que Evitou uma Guerra Civil

Se alguma vez existiu uma colaboração que mudou o mundo, a que certamente se qualificaria para esse status seria a colaboração entre Nelson Mandela e F.W. de Klerk. Em 1989, quando começaram a dialogar, um deles era o presidente da África do Sul e o outro homem, prisioneiro. De fato, Nelson Mandela esteve na prisão por 27 anos em sua luta contra o apartheid. Naquele ano, de Klerk acabara de se tornar o presidente e teve um senso de futuro – a visão de um futuro para a África do Sul pós-apartheid.

Em 2 de fevereiro de 1990, ele "rompeu a proibição ao ANC, ao mesmo tempo que outros movimentos de libertação, libertou prisioneiros políticos e suspendeu penas de morte". Então Mandela, após mais de 10.000 dias de prisão e agora com 71 anos, foi liberto. Esse foi um passo na colaboração. Muito mais aconteceria nos anos seguintes, pois juntos eles tornaram realidade a visão compartilhada. Então, mais surpreendentemente, em apenas quatro anos, Nelson Mandela seria eleito na primeira eleição não racial e democrática como o novo presidente. Isso foi em 27 de abril de 1994.

Como *tudo isso* pôde acontecer? Como um país dividido pelo apartheid durante meio século não pôde *acabar* com uma guerra civil? Como um novo partido pôde chegar ao poder sem vingar-se de seus antigos perseguidores? Uma colaboração dessa magnitude ocorreu porque Mandela era maior do que a perseguição injusta, a falta de justiça, o ódio, o desprezo ou a necessidade de vingança. Em seu discurso de 11 de fevereiro, ao ser liberto, Mandela disse:

> "Hoje, a maioria dos sul-africanos, negros e brancos, reconhece que o apartheid não tem futuro. Ele deve ser encerrado por nossa própria ação em massa, de forma resoluta, para construirmos paz e segurança. ... O Sr. de Klerk foi mais longe do qualquer outro presidente nacionalista ao tomar medidas certas para normalizar a situação... " (Asmal, 2003, pp. 60-61)

Mesmo assim, passados os anos da presidência de Mandela e o que foi uma colaboração tão bela que salvou uma nação inteira e começou a democratização da nação, hoje temos novos níveis de corrupção no governo e a falta *de espírito de colaboração*. Isso nos dá um alerta: mesmo uma colaboração histórica dessa magnitude não oferece garantias de duração se não for seguida por outros. Todas as gerações precisam reinventar a colaboração para que elas durem. Toda geração precisa de líderes colaborativos que deem continuidade a esse espírito.

Depois de começar nossa colaboração neste livro, Nelson Mandela morreu. Isso aconteceu em 6 de dezembro de 2013. Depois de saber de sua morte, de Klerk pontuou que Mandela não apenas negociava *pelo* seu povo, como também negociava *pelos* brancos. Ele dizia que os brancos tinham que ter segurança. Isso foi o que impediu uma guerra civil – uma guerra que muitos esperavam e para a qual as pessoas, naquela época, estavam se preparando. Richard Stengel (2010) descreve isso como sendo colaborar "com o inimigo" – aqueles que trouxeram desespero e miséria para a vida dele e de milhões de outras pessoas.

Um excelente exemplo disso aconteceu em 1993, quando a África do Sul estava à beira da guerra civil e grupos políticos extremistas estavam se preparando para uma guerra – o rival de Mandela, Hani, foi assassinado. Hani, o segundo líder mais popular depois de Mandela, era um empenhado comunista e ferveroso orador. Seu assassinato poderia ter sido o barril de pólvora que desencadearia uma guerra civil. Na noite em que isso aconteceu, a pessoa que falou com a nação não *foi* o presidente do Estado, F.W. de Klerk, foi Mandela.

Mandela se dirigiu à nação de forma que começou por expressar e corresponder verbalmente as esperanças e os medos das pessoas. Ele colocou os sentimentos mais fortes deles em palavras, validou o sofrimento e a raiva de um dos lados e o choque do outro, e com uma voz e presença tranquilizante, apresentou a visão colaborativa.

> "Este é um momento decisivo para todos nós. Nossas decisões e ações determinarão se usaremos nossa dor, nosso sofrimento e nossa indignação para avançar em direção à única solução duradoura para nosso país – um governo eleito das pessoas, pelas pessoas e para as pessoas". (*Mandela's Way*, p. 49)

A colaboração que surgiu na África do Sul e que testemunhou um prisioneiro se tornar o presidente descreve como, até mesmo as posições e as partes mais extremas, podem colaborar. É possível se houver visão, disposição, abertura, diálogo e muito mais. E é claro, é preciso que haja um líder colaborativo.

Colaborações Implicam um Processo Contínuo

Toda e qualquer colaboração, em última análise, funciona como um processo intangível. Isso torna o processo desafiador porque deve haver uma *química* certa entre as pessoas para que a colaboração aconteça. Mas *química* é uma daquelas coisas que você não pode ver, ouvir, sentir, cheirar ou provar. Como um processo, a colaboração é sobre como nos relacionamos, como conversamos, lidamos um com o outro, coordenamos nossos horários e muito mais.

Uma colaboração efetiva é um conjunto dinâmico, vivo e interativo de relacionamentos. Devemos, portanto, falar de *colaboração* como algo que *fazemos*.

Colaborar envolve um conjunto dinâmico e vivo de interações – um processo que requer certas coisas. Requer qualidades e ações de cada uma das pessoas participantes e requer líderes especialmente robustos. Primeiro é preciso que haja alguém com visão e uma paixão por uma visão particular – alguém disposto a falar sobre essa visão, convidar outros a participar, inspirar as pessoas a alcançar essa visão, e assim por diante.

A pessoa que lidera uma visão inspiradora é um líder colaborativo. Ela é proativa e concentra sua liderança não no status, prestígio, posição ou poder, mas como um líder funcional e situacional, em inspirar essa visão. Ela estrutura suas atividades para que possa tomar atitudes na direção da sua visão, em invés de "falar sobre ela até morrer".

Tornando Possível a Colaboração

Como é esse tipo de líder facilitador que lidera em prol da colaboração? Em certo modo, é o tipo de pessoa que se preparou, colocando-se de prontidão e disposta a assumir seu papel, e que é emocionalmente estável o bastante para criar uma colaboração. O líder colaborativo pode compartilhar a liderança e participar da equipe como um bom membro dela. Isso é tão desafiador quanto emocionante.

A parte estimulante disso é fácil e divertida. É instigante atingir uma visão do cenário maior – o que podemos fazer juntos como resultado de um esforço colaborativo que não conseguimos atingir sozinhos ou separadamente. É instigante imaginar as possibilidades que surgem ao se reunir múltiplas pessoas talentosas, cada uma compartilhando um objetivo comum e cada uma contribuindo com a sua parte. É instigante fazer parte de uma equipe de alta performance que cria em nós um senso de pertencimento, um senso de "nós", de que "estamos juntos nisso". Um senso de que, juntos, "nós" somos mais inteligentes, eficazes e poderosos por conta da colaboração.

Agora, vamos para a parte desafiadora. O que é preciso para se juntar uma equipe assim? Quais processos estão envolvidos? O que o líder de dessa aventura deve fazer? Esses são alguns dos processos que frequentemente acontecem em uma colaboração. Qualquer um ou todos esses processos podem fazer uma enorme diferença:

- Encontrar uma visão comum que supra um desejo ou problema compartilhado.
- Comunicação para que as pessoas compreendam umas às outras, com clareza e precisão.
- Identificar os diferentes talentos e habilidades necessários para tornar real a visão compartilhada.
- Coordenar os talentos, habilidades e horários para que as contribuições individuais façam parte do todo da melhor maneira possível.
- Criar uma cultura ou clima para que cada indivíduo se sinta seguro para estar aberto, confiar, contribuir etc.
- Lidar com os problemas para que seja possível aproveitar o melhor que cada pessoa tem a oferecer.
- Desenvolver regras básicas para a colaboração e uma maneira de usar o conflito positivamente para descobrir as melhores ideias, os melhores métodos, as melhores abordagens.
- Atravessar as diferenças, os conflitos e a frustração dos regressos.
- Coordenar as tarefas para que a colaboração seja eficiente e produtiva.
- E assim por diante.

Isso é muita coisa! Não é de se admirar que colaborações transformadoras efetivas não "simplesmente aconteçam". Não é de se admirar que colaborações efetivas exijam uma liderança especialmente robusta, que possa unir as pessoas e coordenar os processos, ou facilitar, de forma que o grupo se torne um grupo de autogestão.

Pré-requisitos para esse Tipo de Liderança

Talvez o maior e mais importante pré-requisito para a liderança colaborativa seja a capacidade de *tirar seu ego do caminho*. Se a colaboração for uma aventura de tornar real uma visão, então todos os participantes devem priorizar a visão em primeiro lugar. Isso significa que os egos (objetivos pessoais, glória pessoal, foco em quem obtém o crédito etc.) devem vir em segundo lugar, o que não acontece facilmente.

É fácil, para as pessoas, deixarem a visão em segundo lugar em relação a seus próprios objetivos e prestígio individual. É fácil, para as pessoas, pensar na visão com um olho voltado para o que elas terão de retorno com isso. Essas são as coisas que podem sabotar uma visão colaborativa e um grupo colaborativo. Em primeiro lugar, o próprio líder deve fazer com que seu próprio ego esteja subordinado à visão.

A atitude necessária para isso é a de que o que fazemos juntos está "a serviço do bem maior". Uma grande equipe de jogadores profissionais faz isso. Leva em consideração uma equipe com jogadores famosos nela. Se o jogador não conseguir uma chance de marcar um ponto, ele dará a oportunidade para outra pessoa. O sucesso da equipe vem em primeiro lugar. Caso contrário, o jogador pode perder a chance, e carregar isso com ele até conseguir outra oportunidade. O que está presente na mente dessa pessoa são seus próprios números e imagem, não o bem maior da equipe.

Esse é real problema de algumas equipes. Embora tenham um, dois ou três jogadores famosos, toda uma equipe com bons jogadores, nenhum jogador famoso consegue vencê-los. Eles ganham o jogo porque a equipe é realmente uma equipe. Jogam juntos e se fortalecem nos pontos fortes uns dos outros, em vez de competir uns contra os outros.

Ajudando os Outros a Reduzir os Filtros do Ego

Aqui está outro paradoxo. A colaboração acontece *através* de você, mas não é *sobre* você. Sim, colaboramos porque temos uma visão e queremos algo, e ainda é muito mais do que apenas eu. É nesse sentido que dizemos que a liderança colaborativa exige que você tire seu ego do caminho. No entanto, não é o suficiente. É comum que os egos dos outros entrem no caminho. Os sinais são os seguintes:

- Eles querem que certas coisas sejam feitas do jeito *deles*.
- Eles querem que as coisas aconteçam no tempo *deles*.
- Eles querem que suas posições e pontos de vista prevaleçam.

- Eles são impacientes e até mesmo intolerantes para com outros pontos de vista e maneiras de se fazer as coisas.
- Eles estão constantemente buscando reconhecimento e status.
- Eles falam mal, fofocam, espalham mentiras e minam a influência e poder daqueles que consideram ser seus concorrentes.

Criando uma Cultura Colaborativa

É desse jeito que tirar o ego do caminho e ajudar os outros a fazer o mesmo é o início da criação de uma cultura colaborativa. Como um líder colaborativo, você precisa falar sobre colaboração e sobre o que *nós estamos fazendo e podemos fazer juntos*. Isso facilita a visão e introduz a linguagem da colaboração.

Para liderar uma cultura colaborativa, o líder deve *reforçar* positivamente cada expressão cooperativa e colaborativa. O motivo é simples: *aquilo que você reforça, cresce*. Se pequenos gestos de trabalho em equipe, de pensar em conjunto, planejar juntos, colocar outra pessoa em primeiro lugar, comemorar seu sucesso – se esses atos forem reforçados, dando-se atenção a eles, isso transmite uma poderosa mensagem de que a colaboração é importante e será notada e recompensada.

Da mesma forma, quando ações inúteis de competição *um contra o outro* acontecem, de forma que pessoas desperdiçam energia lutando contra os colegas, não são desencorajadas, mas ignoradas, as pessoas entenderão que tais ações são aceitáveis. Nessas situações, é necessário liderança. Os líderes precisam estar vigilantes sobre as coisas que acontecem que prejudicam a colaboração, as abordando o mais rápido possível.

Assumindo seu Papel para se Tornar um Líder Colaborativo

Se você é um "lobo solitário" ou "guardião solitário", você é *realmente* um líder? Qual tipo de líder é realmente um *líder* se ele ou ela não reúne pessoas ao seu redor e as empodera a sentir que são parte de algo maior e melhor que todos eles? Isso nos leva de volta a um dos nossos temas centrais deste livro: *Liderança colaborativa é o próximo grande desafio.*

Todo aquele que pensar ser ou se intitule um líder, mas não compartilha, coordena, coopera e cria uma senso de equipe, na verdade está enganando a si mesmo. Essa pessoa é apenas um líder em seu status ou posição, mas não um líder de verdade, que leva as pessoas a trabalharem juntas. Isso significa que, como líder, você deve sempre colaborar? A resposta é não. Jon R. Katzenback (1998), em *Teams at the Top*, observou que há momentos em que é melhor liderar como líder na forma de líder-único do que de líder-equipe.

Mas, como? Como você pode desenvolver-se enquanto líder colaborativo? O que é preciso para desenvolver as habilidades de colaboração como líder? Assumir o desafio da liderança colaborativa, em nossa opinião, é o último estágio de desenvolvimento da liderança. É isto o que é necessário:

1. *Estabeleça a visão de colaboração para os outros e para si mesmo, para ser um líder colaborativo.*

    Como a visão leva a grandes resultados, comece com isso. Qual é a sua visão? Quão robusta é a sua visão? Quão instigante? Se você estiver mais motivado a fazer as coisas para receber a glória, o reconhecimento, o louvor etc., será muito difícil criar uma visão de colaboração convincente.

    Isso está no âmago da liderança. John Maxwell descreveu melhor quando disse que "aquele que pensa que é um líder, mas olha ao redor e não vê ninguém seguindo, saiu para fazer uma caminhada". Para ser um líder, você precisa conquistar a mente e os corações das pessoas, você tem que atraí-los para uma visão que apreende seus corações e imaginação. Você tem feito isso? Você está disposto a aprender como fazer isso?

    Para Steve Jobs, a inspiração que ele estabeleceu para a Apple foi "fazer a diferença no universo" para que as pessoas tivessem a sensação de que estariam fazendo algo "insanamente excelente". E, embora ele não possuísse muitas habilidades pessoais e sociais necessárias para ser um líder colaborativo, sua visão reuniu as pessoas em projetos colaborativos.

    Como Nelson Mandela aprendeu a visão colaborativa? Ele cresceu com ela. Era parte da liderança tribal na qual ele se desenvolveu, como escreveu Richard Stengel, em *Mandela's Way*:

"O estilo de liderança do Chefe Tribal não era sobre colocar-se na frente, mas sobre ouvir e alcançar o consenso. As reuniões da corte real, que eram como reuniões democráticas da prefeitura, eram o lugar da liderança. Todos os homens da aldeia vinham, e qualquer um que quisesse falar poderia fazê-lo. Era do costume do chefe ouvir as opiniões de seus conselheiros e da comunidade antes de pronunciar sua própria opinião. O rei sempre se posicionava com confiança, e quando falava, ao final da reunião, resumia as opiniões que ele havia ouvido.

Isso é o que Mandela quer dizer com *liderando pela retaguarda*... Ele ouve, resume, e então procura moldar a opinião e orientar as pessoas para a ação... O modelo africano de liderança é melhor expresso como *ubuntu*, a ideia de que as pessoas são empoderadas por outras pessoas, de que nos tornamos nosso melhor "eu" por meio de interações altruístas com outras pessoas." (pp. 80-81)

2. *Recrutando pessoas para participar da colaboração*.

Quem se unirá a você? Quem você quer na equipe? Quem você precisa que esteja na equipe? Os líderes colaborativos que são excelentes nisso buscam pessoas com dois atributos – excelência no desenvolvimento de suas habilidades e competência no relacionamento de trabalho com outros. Walt Disney fazia isso. Ele tinha um olho para o talento, então, intencionalmente, recrutou os talentos dos quais precisava. Você está atento às pessoas – buscando seus talentos e habilidades? Você convida as pessoas para a colaboração?

"Um dos maiores desafios de um líder, nos dias de hoje, é que fazer com que as pessoas realmente conversem umas com as outras". Richard Branson, *Like a Virgin* (2012, p. 55)

3. *Agregando valor àqueles que compartilham sua visão*.

Pessoas são guiadas por uma visão, e o líder estabelece aquela que permite o reconhecimento de que existe algo, em sua visão, para as próprias pessoas. O que se enxerga é como a visão, e todo o esforço que envolve a sua realização, tornarão a vida das pessoas melhor. Essa visão também deve aperfeiçoar a qualidade de vida dos outros. Os líderes que pensam que as pessoas querem adorar sua inteligência, boa aparência, charme, habilidades oratórias etc. desejam ser líderes de um culto, um guru ou um ditador, e não um verdadeiro líder. Um líder que deseja ser adorado por seu brilho não será capaz de trabalhar como um líder colaborativo. Nesses casos, o ego está no caminho. O líder se tornou o centro, e não a visão.

Aqui está o paradoxo: *Liderança não é sobre o líder.* Ela acontece *através* da figura do líder, mas não é *sobre* o líder. Aquele que é um líder, de verdade, lidera sendo o primeiro. Ele (a) investe o máximo de valor possível na visão e naqueles que fazem parte da equipe para que isso aconteça. Como isso se encaixa para você? Você está agregando imenso valor àqueles que levantam as mãos para dizer que desejam fazer parte do que você está fazendo e para onde está indo? Qual o valor que você está investindo neles? Com que frequência você pensa sobre como poderia agregar mais valor a eles?

4. *Comunique-se constantemente para manter vivas a visão e a missão.*

O trabalho de liderança não acaba com a criação da visão. Na verdade, é aí que o trabalho começa. Em seguida, vem o esforço de manter a visão na frente das pessoas e permitir que elas ajudem a cocriar a evolução contínua da visão à medida que as coisas mudam e se desenvolvem. Esse trabalho também inclui reunir as pessoas de forma a criar soluções para os obstáculos que estão diante da visão.

A visão que você cria como líder não irá durar nas mentes e nos corações das pessoas, a não ser que você a revigore constantemente, fornecendo novas e diferentes formas de expressá-la, fazendo com que as pessoas se envolvam em direção a ela. Não é o suficiente declarar a visão e deixá-la por isso. Como líder, sua tarefa é tornar a visão mais viva – fazê-la cantar e dançar nas mentes das pessoas para que ela permaneça significativa e relevante. Você tem feito isso? Você sabe como fazer isso? Você está disposto a aprender como fazer isso?

5. *Orquestrar pessoas como parceiros colaborativos da visão.*

A partir da atividade de comunicação constante, vem a habilidade de liderança de envolver as pessoas de maneira prática, transformando-as em parceiros colaborativos. Isso significa compartilhar o processo de criação da visão. Isso significa trazer as pessoas para o nível gerencial e capacitá-las com poderes de decisão. Isso significa transferir responsabilidades para elas e confiar que irão conseguir.

Para se tornar colíderes da visão, as pessoas querem ter voz e serem consultadas. Os verdadeiros líderes não criam seguidores, criam outros líderes. Eles preparam as pessoas para que se tornem a próxima geração de líderes. Como você tem se saído nisso? Quem você está preparando para fazer parte da sua equipe de liderança? Quem você está preparando para assumir poderes de liderança e responsabilidades?

Orquestrar requer gerenciamento, mas isso não significa controle. Significa capacitar as pessoas a descobrir seu talento, lugar, contribuição e grandeza. Orquestrar inclui dar às pessoas a sensação de serem autônomas para que elas possam florescer. É como um maestro que faz aflorar a grandeza nos outros e, assim, torna possível a magia. Sim, orquestrar é planejar, e mais do que isso: é fazer o metadetalhamento dos processos essenciais ao sucesso. Mas isso não é microgerenciamento ou exigir a perfeição.

6. *Mostre-se aberto e vulnerável para as pessoas.*

Os líderes não são estátuas invencíveis de pedra, são feitos de carne e osso e possuem todas as falibilidades da mente, emoção, fala e comportamento. como todos os demais. Um verdadeiro líder é o primeiro a ser autêntico, real, e direto. Os verdadeiros líderes não se escondem atrás de pessoas ou máscaras, eles saem de trás de suas máscaras e mostram sua humanidade. Eles são abertos, e até vulneráveis, às pessoas. Eles deixam que as pessoas vejam seu coração.

Se isso lhe parecer assustador e amedontrador, você está certo, isso é. Como líder colaborativo, seu desafio é abraçar isso. Quando as pessoas conhecem seu coração e sentem sua paixão pela visão, elas sabem que podem confiar em você. Não existe uma intenção escondida e nenhum segredo. Como líder, você é direto, sem rodeios, sincero, verdadeiro e transparente. Como você está se saindo nisso? Este pode ser o próprio âmago de como ser um líder colaborativo – liderar a partir da sua autenticidade.

7. *Agregue um significado rico e robusto.*

Permita que todos conheçam o significado do seu trabalho e contribuição. Um trabalho com significado deixa de ser trabalhoso, torna-se uma missão. Quando as pessoas contribuem em uma comunidade colaborativa, quando eles são constantemente lembradas da importância do que estão fazendo e como isto está relacionado à visão, dão muito mais de si mesmas, de mente e coração, plenamente.

Seus Próximos Passos como Líder Colaborativo

Liderança é uma coisa; e liderança colaborativa é outra. A maneira tradicional de se pensar liderança baseou-se na liderança militar ou liderança heróica – dois tipos legítimos de liderança, mas também duas formas ímpares e incomuns. A maioria dos trabalhos, em organizações ou negócios, *não é* uma jornada militar contra um inimigo que deve ser derrotado. Tampouco é uma missão heróica de salvação de algo à beira da morte.

Em vez disso, o tipo de liderança que é mais frequentemente necessária em famílias, empresas, organizações, projetos e corporações é a colaborativa. *Essa liderança une as pessoas e traz à tona o seu melhor.* Não é a liderança de um general, que usa o comando e o controle como metodologia. É a liderança de um visionário atencioso, que pensa tipo ganha-ganha e que se comunica de forma a inspirar, informar e enquadrar.

Use a seguinte lista como forma de avaliar sua liderança colaborativa:

___ Tenho uma visão de um futuro desejado ou um problema a ser resolvido.

___ Eu inspiro as pessoas a compartilhar essa visão pela forma como me comunico.

___ Eu penso como um ganha-ganha e opero a partir da busca do benefício mútuo.

___ Eu sei como reunir pessoas diferentes com habilidades complementares para fazer parte de uma parceria colaborativa.

___ Eu tenho as habilidades administrativas necessárias para coordenar os talentos e habilidades dos participantes do projeto.

PARTE I Os Fundamentos da Liderança Colaborativa *43*

___ Eu sei como, e sou capaz, de criar uma cultura de colaboração.

___ Eu sou capaz de trazer à tona o melhor em cada pessoa para que ele (a) sinta-se capaz de contribuir para o projeto colaborativo.

___ Eu sou capaz de treinar ou ajudar a equipe para que superem as diferenças e conflitos.

___ Eu sou capaz de estabelecer as regras fundamentais da nossa colaboração e, em seguida, graciosamente confrontar alguém que não esteja seguindo as regras.

___ Estou disposto e sou capaz de compartilhar a liderança com um ou mais líderes colaborativos.

* * *
Capítulo 4

DESAFIOS
À COLABORAÇÃO

"O 11 de Setembro foi um fracasso de colaboração
entre o FBI, a Polícia e a CIA."
Morten T. Hansen, Collaboration

"As parcerias falham porque colaborar é absolutamente difícil".
David Archer e Alex Cameron, Collaborative Leadership

"A confiança é vital. As pessoas confiam em você quando você não os tenta
enganar, quando você coloca todas as cartas na mesa e fala abertamente
com eles. Mesmo que você não seja muito articulado, a sua honestidade
intelectual chega até eles, e as pessoas reconhecem isso e respondem
positivamente ".
Warren Bennis, On Becoming a Leader (p. 161)

Se a liderança colaborativa fosse fácil, isso ocorreria em todos os lugares, o tempo todo. Mas ela não é. Ela é desafiadora. Muitas coisas podem impedi-la, sabotá-la e torná-la defeituosa. É melhor previnir do que remediar, então queremos saber sobre esses desafios que um futuro líder colaborativo irá enfrentar. Aqui está uma breve descrição de como as colaborações podem dar errado, das pseudocolaborações enganosas, das barreiras para a colaboração e das crises colaborativas.

Deixe-me contar de quantas maneiras diferentes as colaborações podem dar errado

É correto afirmar que as colaborações dão errado com maior frequência do que dão certo. Elas dão errado mais de 50% das vezes, às vezes 70% das vezes.[1] De onde vem a dificuldade? Em uma palavra: tudo aquilo que é nocivo à confiança fará com que uma colaboração dê errado. A confiança é a cola, e sem confiança os riscos da colaboração são os de que você está colocando muitas coisas em jogo – dinheiro, tempo, esforço, reputação etc.

Tudo aquilo que é corrosivo à confiança é uma barreira à colaboração.

Ron Ricci e Carl Woese, em *The Collaborative Imperative* (2011), escreveram:

"A confiança é a âncora de toda equipe colaborativa bem-sucedida ... Articule o propósito da equipe e estabeleça de antemão o que você espera de cada membro ". (p. 121)

Uma Colaboração Fracassada – O Primeiro Movimento do Potencial Humano

O Movimento de Potencial Humano (MPH) foi originado por Abraham Maslow e a partir dele se espalhou como um vírus, pois a ideia de uma psicologia voltada aos potenciais humanos ressoou com centenas, e depois com milhares e, depois com centenas de milhares de pessoas. Esse movimento começou lentamente, muito lentamente, já que Maslow e Rogers estavam mapeando o lado saudável da natureza humana e começando a enquadrá-la de uma maneira completamente nova – que o crescimento e o desenvolvimento eram naturais, orgânicos e inatos.[1]

Maslow começou, em 1935, a modelar as características, qualidades e crenças de seus dois mentores, Max Wertheimer (cofundador da Gestalt Terapia) e Ruth Benedict (fundadora da Antropologia Cultural). Como um comportamentalista, ele percebeu que os dois eram pessoas muito maduras, saudáveis, "maravilhosas". Ele também notou, em sua biografia, que não conseguia compreendê-los, não por meio "das ferramentas da psicologia" que lhe foram dadas naquela época (Behaviorismo e Psicanálise). Então, isso deu início à sua investigação. Ele começou a escrever um livro – *Estudos dos Bons Humanos* – e depois inventou a Psicologia Humanista, ou Psicologia da Autorrealização.

Depois, passou as três décadas seguintes estudando a vida e as características de milhares de outras pessoas que demonstravam algumas ou muitas das mesmas características de autorrealização. Em 1943, criou o Modelo da Hierarquia de Necessidades, mas passou mais treze anos pesquisando antes de escrever seu clássico, *Motivação e Personalidade* (1954). Com esse livro, o movimento do potencial humano decolou internacionalmente.

Aldous Huxley começou a falar sobre a necessidade de um movimento do potencial humano em suas palestras, assim como Rollo May, Roberto Assagioli e dezenas de outros. De forma semelhante, eles escreveram sobre as possibilidades disso. À medida que o faziam, Maslow convidou cada um deles a fazer parte do "movimento". Ele fez isso, nomeando-os, abraçando-os e chamando-os de "colegas". Esta é uma das coisas mais facilmente observáveis nos escritos de Maslow: ele demonstrava um espírito muito inclusivo. Então, à medida que as coisas se desenvolveram, ele os convidou a fazer parte de conferências, painéis e outros fóruns para lhes dar oportunidade, de forma que suas vozes e contribuições fossem ouvidas. Isso pode facilmente ser visto no número de antologias que foram publicadas, muitas das quais Maslow editou.

Dessas e de outras formas, Maslow foi um colaborador e demonstrou as habilidades de colaboração. Mas a colaboração deve ser mútua. E é aí que o MPH falhou. Enquanto Maslow e seus alunos (Everett Shostrom, James Bugental, Colin Wilson etc.) definitivamente foram colaborativos em suas comunicações e ações, pouquíssimos dos convidados o foram.

Em muitas das biografias de Esalen, o que aconteceu no lugar que foi projetado para ser o próprio laboratório de ideias do Movimento do Potencial Humano era tudo, menos colaborativo. Jeffrey Kripal, em sua biografia de *Esalen* (2007), descreve uma atmosfera semelhante a uma guerra, e a pergunta era: "Quem plantaria sua bandeira e faria do MPH algo seu?". Será que Fritz Perls? Ele foi o mais competitivo e até combativo com o Maslow. Seria o Will Schutz, que escreveu *Joy*

(1967), e colocou o MPH no mapa dos EUA, que mais tarde afirmou ser o "Imperador de Esalen" e fundador do MPH? Até mesmo Carl Rogers, após a morte de Maslow, afirmou ter sido o único fundador da HPM.

Há vários anos, eu (LMH) descrevi todos os detalhes disso em um artigo intitulado *Como matar um movimento*.[2] O objetivo desse artigo era dizer que a colaboração deve ser mútua. Tem que haver dupla e uma profunda atitude colegiada. Deve haver um espírito generoso e uma atitude de reconhecimento aos outros. Caso contrário, o grupo seria o resultado de uma visão e valores de um único líder e só duraria tanto quanto durasse esse líder e sua influência. E esse foi o caso do primeiro Movimento do Potencial Humano.

Uma Colaboração Assimétrica

Uma colaboração em que eu (LMH) estive envolvido por cinco anos e que funcionou no início, e depois deu errado, foi uma que estabeleci com uma Organizadora de Eventos. Brenda contatou-me devido à minha reputação como autor e treinador no campo da PNL e me convidou para ir ao país dela. Isso representava uma vitória para mim. Eu queria lançar meu trabalho naquele país. Foi também uma vitória para ela, que precisava de um instrutor conhecido internacionalmente e com uma boa reputação.

Eu era a visão de seu substituto. No entanto, na época, não explorei a visão que ela tinha da colaboração. Foi um grande erro. O que nós estudamos juntos foi *o como* se trabalhar em conjunto, a mecânica, mas não o *porquê*. Se tivéssemos estudado, isso nos teria permitido falar sobre uma visão compartilhada. E se tivesse acontecido, eu teria descoberto, desde o início, que tínhamos visões sensivelmente diferentes sobre o que cada um de nós queria alcançar.

Assim, sem a devida diligência, nos comprometemos com uma colaboração que funcionou razoavelmente bem por alguns anos. Na verdade, durante esse período, houve várias ocasiões em que se tornou óbvio, para nós, que operávamos a partir de valores e visões muito diferentes. Para ela, tudo aquilo era apenas um negócio, então a única medida de sucesso era financeira. Eu, por outro lado, tinha uma visão de criar uma reputação mais positiva para a PNL, construir uma comunidade duradoura, agregar mais valor ao que oferecemos e demonstrar a qualidade e o tipo de liderança que mudaria o campo ao longo de uma ou duas décadas.

A colaboração foi encerrada quando ficou óbvio que tínhamos ideias diferentes sobre o que cada um de nós pensava ser nosso próximo nível de desenvolvimento. Para ela, era introduzir uma abordagem de "vendas difíceis" ao treinamento. Para mim, era introduzir grupos de apoio às práticas. O fim estava próximo. Mas nós "precisávamos" um do outro por mais um ano de treinamento, o qual concluímos. No entanto, durante esse tempo, o espírito de colaboração desapareceu: enquanto conseguimos expressar um rosto amigável publicamente, por detrás havia mútuo desrespeito aos valores um do outro e um senso de que o outro vive em um mundo alienígena ao seu.

O que deu errado? Em algum nível, o que tínhamos era apenas um relacionamento colaborativo *instrumental*. No entanto, nós não sabíamos. Bem, eu não sabia disso. Não passamos tempo o suficiente um com o outro para nos conhecer como sendo as pessoas que estavam colaborando. Era inteiramente empresarial, prático e instrumental. Da minha parte, eu havia presumido que era um relacionamento colaborativo *visionário*, mas não tinha verificado isso. Eu presumi que, porque ela havia me escolhido, e por estarmos no mesmo campo (PNL), compartilhávamos da mesma visão. Assim, nos últimos dias, apesar de termos concordado em compartilhar todos os nossos ativos e recursos mútuos, ela se recusou a compartilhar a base de dados que cocriamos, sentindo que eu competiria com ela. E, apesar de eu nunca ter feito nada para minar a sua confiança, ela se recusou a confiar na minha palavra de que eu não competiria, oferecendo o mesmo produto ou algo similar.

Aprendizagem Reflexiva

Eu tirei vários aprendizados dessa experiência. O primeiro foi o seguinte: *A forma como uma colaboração começa faz a diferença.* Olhando para trás, percebi que a colaboração era de tempo limitada desde o início, pois não tinha uma base sólida o suficiente para ser de longo prazo. Eu descobri que decidi participar muito rapidamente, e que estava muito despreocupado, sem visão comum o suficiente a respeito do que estávamos colaborando.

Para uma colaboração de curto prazo, *ad hoc*, funcionou bem. Mas não para uma colaboração visionária de longo prazo. E foi exatamente isso que eu presumi equivocadamente. Não era uma pseudocolaboração (próximo capítulo), mas uma relação puramente instrumental. Então, quando você for colaborar, averigue:

- Como estamos começando essa colaboração?
- Quais são as visões e valores que compartilhamos, à medida que começamos?
- Existe alguém no rebote e buscando substituir um antigo parceiro?
- Queremos criar uma colaboração de curto ou longo prazo?

O desafio não é apenas criar mais colaborações, mas criar a colaboração certa. Só porque há uma oportunidade para se colaborar não significa que você deve colaborar. Afinal, a colaboração, em si, não é uma panaceia ou a melhor solução para todas as circunstâncias. A colaboração correta o será para o contexto, pessoas, valores, visão, tempo, recursos etc.

Falsas Colaborações – Pseudocolaborações

Aqui está outro desafio. *Nem tudo que se chama de colaboração, realmente é uma colaboração.* Você pode ter uma colaboração que não é real. Ela pode não ser autêntica. De uma forma ou de outra, ela pode ser falsa. Isso é uma pseudocolaboração. O que há de falso sobre essas interações que as tornam uma forma de pseudocolaboração?

De que formas as pessoas podem tentar cooperar, mas sem criar uma colaboração de verdade? O que simula uma colaboração real?

- *Discurso da Colaboração*: usar a linguagem da colaboração para que a descrição das suas interações com outras pessoas pareça uma colaboração, mas, na realidade, trata-se de apenas conversa. Pode até ser uma conversa emocionante e inspiradora, mas, no final, nada acontece de verdade. Isso seria realizar o discurso, mas não a prática.
- *Consenso*: Procurar reduzir a visão, os padrões, a qualidade de uma aventura com os outros para que possamos obter um con-

senso de todos no grupo. Isso, no entanto, é consenso, e não colaboração real.

- *Networking*: Misturar-se, conectar-se com grupos de pessoas e ser visto e conhecido por muitas outras. Isso não é colaborar, mas criar uma rede de contatos.
- *Um Grupo de Líder Único*: Liderar um grupo para alcançar algum objetivo ou resultado e chamar isso de colaboração. Confundir um grupo de líder único com uma colaboração faz dele uma pseudocolaboração.
- *Fazer uma proposta*: Expressar sua opinião, fazer uma proposta para indivíduos ou para um grupo, e presumir que se propor a assumir um projeto necessário é a mesma coisa que colaborar.
- *Delegação*: Fazer com que as pessoas façam o que você quer, delegando funções a elas etc.
- *Cooperação*: Cooperação não é a mesma coisa que a colaboração, embora as definições literais provenham de palavras semelhantes. Nick LeForce as distingue da seguinte maneira.

"A cooperação enfatiza se dar bem com os outros e trabalhar bem com eles. Você normalmente coopera para obter ganhos mútuos... A colaboração também implica uma contribuição ativa de cada uma das partes. Você pode cooperar com outros sem colaborar com eles. Para realmente colaborar, você deve investir em si mesmo e procurar, ativa e simultaneamente, atender às suas próprias necessidades e às de outros. A colaboração requer uma combinação de asserção saudável e cooperação saudável." (2009, pp. 11-12)

"A colaboração é um passo além da cooperação e se capitaliza a partir das três posições perceptivas." (pág. 91).[3]

Barreiras para a Colaboração

O que poderia impedi-lo de colaborar efetivamente? Dado que a colaboração é uma síntese entre o eu e o outro, entre suas habilidades de desenvolvimento pessoal ou de autodesenvolvimento e desenvolvimento de habilidades sociais, existem vários obstáculos em cada um desses eixos.

No eixo de Desenvolvimento Pessoal, aqui está um checklist das barreiras:

____ Imaturidade   ____ Medo
____ Individualismo   ____ Egoísmo / Arrogância
____ Autoabsorção   ____ Estrela Solitária
____ Fome de Poder   ____ Defensividade

No eixo de Desenvolvimento Social ou Outros, aqui está um checklist das barreiras:

____ Socialmente Imaturo   ____ Escassez
____ Inveja   ____ Ressentimento
____ Motivo Oculto   ____ Borboleta Social
____ Egoísmo Social   ____ Falta de um Modelo

Diagrama

                 Autodesenvolvimento

_____ Desenvolvimento Social _____

Colaboração Neurológica

Antes de terminar este capítulo, enquanto a colaboração pode exigir esforços e trabalho, colaborar também é algo natural por uma simples razão: porque *somos neurologicamente programados para colaborar*. Neurologicamente, funcionamos por meio de conectividade. Isso é literalmente verdadeiro em relação ao funcionamento dos nossos cérebros, que funcionam por meio de todos os neurônios e neurocaminhos que se conectam e criam milhões e milhões de conexões. Seria então menos surpreendente descobrir que também funcionamos por conectividade quando se trata da articulação entre cérebros, o que acontece quando as pessoas se reúnem para colaborar?

Na verdade, uma das descobertas mais recentes das neurociências demonstra especificamente isso. A descoberta, em 1992, dos *neurônios espelho* forneceu uma base neurológica para a empatia, conexão, para nossas habilidades e impulso social, e muito mais. O que nossos neurônios espelho fazem é oferecer a nos mesmos a capacidade de ver e ouvir rapidamente as pessoas e experiências à nossa volta, e depois fazer o mesmo interiormente. Essa é a base da imitação, bem como da aprendizagem social. É a base dos padrões de resposta de modelagem que vemos e ouvimos em outros. Se a conexão é inevitável à nossa neurologia, então, quando não nos conectamos, deve-se dizer que estamos minando nossa neurologia. Se a colaboração no nível neurológico é conectividade, então o que se segue é uma lista das atitudes, estados e ações que prejudicam a conectividade.

A Neurociência prestou uma nova apreciação à conectividade e plasticidade dos sistemas nervosos. Isso é verdade, mesmo que conheçamos há muito tempo a extraordinária plasticidade do cérebro humano e da neurologia. É essa plasticidade ou flexibilidade que nos permite, literalmente, redirecionar os processos quando sofremos algum dano ou um acidente.[3] Apenas começamos a entender que estamos falando não apenas de lugares no cérebro, mas de áreas inteiras de neurologia que são interconectadas. Em verdade, nós somos sistemas de emoção do corpo-mente vivendo em múltiplos sistemas de família, negócios, religião, origem étnica, nacional etc.

Precisamente porque a colaboração é neurológica, é natural. É uma condição humana natural dentro de nossos corpos, e porque somos seres sociais, também é nossa condição natural social. Alfred Korzybski (1933) disse que os seres humanos são "criaturas temporais". Com isso, ele quis dizer que temos a vida que fazemos hoje devido às colaborações que nos foram transmitidas por aqueles que viveram antes de nós.

Temporal refere-se a como o que alguém aprendeu ou desenvolveu em um tempo anterior pode ser transferido e acolhido em nossa neurologia para que possamos vinculá-lo em nós mesmos e torná-lo nosso. Fazemos isso por meio de outra colaboração, que são os símbolos, em forma de linguagem. Assim, aquilo que Aristóteles, Einstein ou Bill Gates aprenderam pode ser transferido por meio da linguagem. O resultado está no fato de podermos vincular a nós mesmos, à nossa própria neurologia, o que foi aprendido em outro momento. Korzybski cunhou o termo "temporal" para definir isso.[4]

F. A. Hayek, F.A., professor de economia, escreveu em *The Fatal Conceit* (1988):

"Somos programados para a cooperação: esses instintos geneticamente herdados serviram para dirigir a cooperação dos membros da tropa, uma cooperação que era uma interação estritamente circunscrita de pessoas conhecidas e confiáveis umas às outras. (p. 11). Esses modos de coordenação dependeram decisivamente dos instintos de solidariedade e de altruísmo que se aplicam aos membros do próprio grupo, mas não aos outros."

"As diferenças entre os indivíduos aumentam o poder do grupo colaborador para além da soma dos esforços individuais. A colaboração sinergética trás para o jogo talentos distintos que não seriam utilizados se seus proprietários tivessem sido forçados a lutarem sozinhos pelo seu sustento. A civilização é baseada no desenvolvimento humano em sua diversidade mais rica. A crescente inteligência demonstrada pelo homem não se deve tanto aos aumentos nos vários conhecimentos dos indivíduos, mas pelas ações de combinar informações diferentes e dispersas que, por sua vez, geram ordem e aumentam a produtividade." (p. 80)

Seus Próximos Passos como Líder Colaborativo

Saber que existem e existirão desafios na colaboração lhe dá um pontapé inicial para que você possa ser mais consciente das armadilhas possíveis. Você está atento a esses desafios? De que forma você usará essas informações como um sinal de alerta precoce? Quão confiante você está? Em última análise, colaborar requer confiança nos outros, o desenvolvimento da confiança, uma cultura aonde a confiança possa crescer, e o chamado à confiabilidade.

Notas do Fim do Capítulo:

[1] David Archer e Alex Cameron dizem que metade de toda aliança acaba prematuramente, *Collaborative Leadership* (2009, p. 125).
Eu (LMH) estudei e reestudei as obras de Abraham Maslow, Carl Rogers e a maioria dos outros líderes do primeiro Movimento do Potencial Humano (MPH). Fiz isso para compreender e modelar *os*

modelos de autorrealização, por meio dos quais as pessoas podem identificar e desencadear seus potenciais e se tornarem "pessoas plenamente funcionais" (Carl Rogers).

2   Para ter acesso a este artigo, *How to Kill a Movement,* acesse www.neurosemantics.com ou www.self-actualizing.org. O conteúdo desse artigo também está presente no livro *Self-Actualization Psychology* (2010).

2   Nick LeForce (2009), em *Co-Creation: How to Collaborate for Results* detalha as diferenças entre as posições perceptivas presents na PNL: a posição de primeira pessoa é o "eu" e vê as coisas a partir do seu ponto de vista, a posição de segunda pessoa entra na posição do outro e pode ver, ouvir e sentir o que a outra pessoa está vivenciando, esta é a perspectiva da empatia ("você "), a posição de terceira pessoa é a do "nós", que vê o sistema maior em que estamos inseridos.

3   Goldberg descobriu isso há muito tempo. Estudando os soldados com dano cerebral que voltaram da Primeira Guerra Mundial, ele notou como todo o organismo humano parece ser projetado ou orientado para se reorganizar e realizar seus potenciais. A essa dinâmica sistêmica, ele deu o nome de autorrealização. Maslow, tendo estudado seu trabalho, usou esses termos e aplicou-os de forma mais ampla para descrever como todo o nosso ser, não somente nos momentos de trauma, mas em seu estado normal, possui essa tendência à autorrealização. A partir disso, desenvolveu sua psicologia da autorrealização.

4   Korzybski disse que as plantas são quimicamente vinculadas na medida em que *vinculam* os produtos químicos no solo e elementos no ar em si mesmos e, desta maneira, vivem e crescem. Os animais são espacialmente vinculados na medida em que se movem para obter os nutrientes necessários para a vida. Os seres humanos fazem ambos os anteriores e ainda os transcendem por serem temporalmente vinculados. Eles *vinculam* dentro de si mesmos o que foi aprendido e desenvolvido por outros humanos em tempos anteriores. Eles trazem para dentro usando o mecanismo do simbolismo e da linguagem.

PARTE II
LIDERANÇA COLABORATIVA

Como praticá-la?

* * *
Capítulo 5

COMO CHEGAMOS LÁ?

O Caminho Colaborativo

"Se estamos interligados e o mundo está interligado,
a única maneira de o mundo funcionar é ter um conjunto de valores
comuns.

Não temos opção, senão, trabalharmos juntos."
Tony Blair, ex primeiro-ministro do Reino Unido

"A colaboração será a competência empresarial crítica. Não será a
capacidade de competir, mas sim a capacidade de cooperar amorosamente
que irá determinar o nosso sucesso."
James M. Kouzes

Uma vez que um líder, ou equipe de liderança, envia um convite para colaborar, assim que as pessoas começam a brincar com a possibilidade de uma colaboração, a jornada começa. Você já está no itinerário – *o caminho colaborativo*. Você está em uma jornada de criação de algo em conjunto que excede o que qualquer pessoa poderia fazer sozinha ou separadamente. Que jornada é essa e como podemos participar de uma empresa colaborativa?

O que você pode esperar, à medida que se lança nessa aventura? Como ela começa, se desenvolve, atinge a maturidade e completa o projeto?

Qual é o caminho da colaboração? Quais são os diferentes degraus e estágios desse caminho? Quais são os marcos que você encontrará e poderá definir ao longo do caminho?

Todas estas são perguntas sobre o Caminho da Colaboração – o nosso tema neste capítulo. Elas também podem ser estratégicas e responder à seguinte pergunta:

Qual é o processo da colaboração com os outros? Como ele funciona ao longo do tempo?

Como uma visão geral, aqui estão os principais passos e estágios que normalmente estão envolvidos em qualquer processo de colaboração bem-sucedido:

1. Um problema ou necessidade é descoberto, ou uma Visão é criada.
2. Um convite é apresentado.
3. Uma solução é estudada, passa por *brainstorm* e é descoberta.
4. Um desafio e compromisso são assumidos.
5. Uma estratégia é acordada para o projeto.
6. A solução inovadora é lançada
7. Problemas e interferências em curso vem à tona e são tratados.
8. O resultado é atingido (o problema foi resolvido, o objetivo alcançado).
9. O sucesso da colaboração é celebrado.
10. O fim é confirmado.

David Chrislip, em *The Collaboration Leadership Fieldbook* (2002, p. 55), apresenta quatro estágios para um projeto de colaboração:

1. *Primeiros Passos.*

    Análise do contexto da Colaboração: dinâmica política.

    Decidindo uma estratégia colaborativa: determinando a viabilidade, definindo a finalidade, o escopo e o foco.

2. *Preparando-se para o Sucesso.*

   Identificação e convocação das partes interessadas: compreensão e prática do princípio e da inclusão; encontrar a credibilidade para reunir as pessoas; identificação das partes interessadas, convite, recrutamento e convocação.

   Projetando um processo construtivo: definindo o método de tomada de decisão, estabelecendo regras básicas, projetando um processo construtivo.

   Definição das informações necessárias: de dados e de educação.

   Definição de funções críticas: seleção de especialistas em processos e conteúdos, identificando fortes líderes facilitadores.

   Gerenciando o processo: Estabelecendo um comitê de direção, alocação de pessoal, documentando processos.

   Encontrando recursos: Desenvolvimento do orçamento, financiamento.

3. *Trabalhando Juntos.*

   Capacidade de construção: relacionamentos e habilidades.

   Formas de engajar: por meio do diálogo, informações escritas.

   Informando às partes interessadas: conteúdo, contexto, análise de pontos fortes, fracos, oportunidades, ameaças; desenvolvendo cenários.

   Decidindo o que precisa ser feito: resolução de problemas, visão, planejamento estratégico.

4. *Entrando em Ação.*

   Criando envolvimento: expandindo a representação, envolvendo-se com tomadores de decisão e as organizações implementadoras.

   Gerenciando a ação: desenvolvimento de planos de ação, organizando e gerenciando a implementação.

O Dilema do Prisioneiro

Quando se trata de colaboração e competição, o Dilema do Prisioneiro é o mais relevante. *O Dilema do Prisioneiro* (The *Prisoner's Dilemma*, em inglês) foi um jogo criado originalmente com o intuito de explorar a inter-relação entre o par mobilizador da *competição* de forma a ser atingida a melhor opção para nós e da *cooperação*, criando um contexto do tipo ganha-ganha com os outros. Como criamos dentro de nós uma integração entre essas forças motrizes que parecem nos levar para direções opostas? Esse dilema é um jogo de motivações mistas, na medida em que ambas as motivações são ativadas por uma única situação, portanto, um dilema. Por um lado, há a oportunidade de cooperação ou ganho mútuo e, por outro lado, há uma tentativa de competir, o que pode significar um maior ganho à custas de outros.

	Os Outros Cooperam	Os Outros Erram
Eu coopero	3 pontos	0 pontos
Eu erro	5 pontos	1 ponto

Imagine a seguinte situação: dois criminosos são presos e interrogados separadamente. Se cada um permanecer em silêncio, ambos são absolvidos – uma vitória para ambos. No entanto, se um deles culpa o outro, recebe uma punição leve, enquanto seu cúmplice recebe uma sentença pesada. No entanto, nenhum dos prisioneiros sabe o que o outro fará. Se atribuirmos valor a cada escolha nesse cenário, temos o seguinte:

Se ambos cooperam ficando em silêncio, 3 pontos. *Recompensa por cooperar.*
Se ambos traem, dedurando o outro, 1 ponto. *Punição por não cooperar.*
Se um trai e o outro coopera:
    O traidor ganha 5 pontos. *Seduzido a competir.*
    O colaborador confiável ganha 0 pontos. *Torna-se o otário.*

PARTE II Liderança Colaborativa 63

Os interesses pessoais e o bem-estar coletivo colidem de frente no *Dilema do Prisioneiro*. A simplicidade diabólica presente nele gerou, literalmente, milhares de experiências e publicações científicas para descobrir qual é a melhor estratégia: *cooperar ou competir por deserção*.

O que é sedutor, neste cenário, é que o maior ganho ocorre ao desertar quando o outro está cooperando. Esta é sempre a melhor opção para uma única pessoa. O problema é que o outro jogador provavelmente estará pensando da mesma maneira. Se isso acontecer, ambos acabam com apenas um ponto, que é o pior resultado para ambos – dois pontos menos do que a cooperação mútua.

Esse não é um cenário estranho que serve apenas para torturar estudantes universitários. Na maioria dos contextos sociais, ambos os elementos de competição e cooperação estão presentes em diferentes graus e maneiras. Duas motivações humanas fundamentais estão presentes no dilema: *ganância pelos ganhos* por meio da exploração de outros e *medo do prejuízo* oriundo de ser explorado. Cada uma dessas motivações, sozinha, é destrutiva. Juntas, elas criam uma sociedade do tipo "deixe que outros o façam", na qual nenhum "outro" acaba fazendo nada.

	Ele coopera	*Ele compete*
Eu coopero	Bons vizinhos	Explorado
Eu compito	Explorado	Dano mútuo

Então, quais foram os resultados da pesquisa? Diversos. Em primeiro lugar, as pessoas que assumem a posição do concorrente também assumem, erroneamente, que todos os seus adversários o são, mesmo quando jogam como cooperadores. Foi demonstrado que os cooperadores são muito mais precisos ao reconhecer o que seus oponentes estão fazendo, seja competindo ou cooperando. O psicólogo Morton Deutsch detalhou, em seus estudos sobre altruísmo e cooperação:

> "Os processos competitivos e cooperativos tendem a ser autoconfirmadores, de forma que as experiências de cooperação induzem a uma espiral benigna de cooperação crescente, enquanto a competição induzirá uma espiral viciosa de intensificação da competição."

Então, o que é melhor? Ganhar é o mais importante? É a única coisa importante pela qual se deve viver? Ou seria a estratégia dominante a de que é melhor que todos cooperem? O ponto essencial, aqui, é que, em *longo prazo*, a melhor estratégia é começar a partir da posição cooperativa, mas estar atento e adaptar-se de acordo com o que acontece. Competir quando o oponente competir. Em seguida, voltar a cooperar quando o adversário aprender a cooperar. Em longo prazo, a cooperação é a estratégia mais produtiva e lucrativa.

Tabelas do Dilema do Prisioneiro

	Prisioneiro B coopera	Prisioneiro B desiste
Prisioneiro A coopera	Um mês de prisão para cada um	Prisioneiro A fica preso por três meses Prisioneiro B é solto
Prisioneiro A desiste	Prisioneiro A é solto, Prisioneiro B fica preso por três meses	Dois meses de prisão para cada um

	Ele coopera	Ele compete
Eu coopero	Bons vizinhos	Explorado
Eu compito	Explorado	Dano mútuo

1. Um problema (necessidade) ou Visão é Encontrada

A colaboração começa com uma necessidade ou desejo, um problema ou uma visão. Alguém vê ou sente um problema, que precisa ser tratado e resolvido, ou esta pessoa vê ou sente uma possibilidade como visão desejada. A partir desse encontro surge a energia para o mecanismo de colaboração. Esse é o caso, especialmente quando a necessidade ou o desejo é muito grande para uma pessoa só.

História do Michael

Depois de entrar no campo da PNL, eu (LMH) comecei a perceber diversos problemas. Em sua maioria, eram éticos. Surgiam a partir do abuso dos modelos e de não se praticar o que era dito. Foi aí que comecei a falar sobre os abusos que tinha visto – tive aversão quando vi alguém manipulando os outros com as poderosas ferramentas de comunicação da PNL. E achei perturbador quando vi que tais pessoas comportavam-se de maneira incongruente em relação ao que ensinavam. Para mim, era antiético e pouco profissional. Eventualmente, colaborei com outros três treinadores e escrevemos sobre isso. Eu intitulei o artigo de *O Aspecto Negativo da PNL* (*The Downside of NLP*, em inglês), que se tornou o meu primeiro artigo a fazer uma crítica a esse fator. Isso foi em 1993.

Alguns anos depois, em 1996, deparei-me com mais casos como o citado. Richard Bandler, um dos cofundadores da PNL, decidiu processar "o campo da PNL" nos EUA. Ele abriu um processo de noventa milhões de dólares reivindicando posse da marca registrada; logo, para "possuir" todo o campo. Nesse processo, ele desqualificou quase todos os treinadores. Foi quando iniciei a colaboração com Bob Bodenhamer para fazer algo a respeito.

Como treinadores de PNL licenciados, sabíamos que, se o processo fosse bem-sucedido, não seríamos capazes de treinar a PNL como fazíamos há anos. Ao conversarmos sobre esse problema, e os outros que vimos em nosso campo, captamos a visão de algo que poderíamos fazer sobre isso. Nossa visão era desenvolver uma comunidade dentro da PNL dedicada a uma abordagem ética, que colocasse a aplicação dos princípios e práticas da PNL como algo fundamental. Usando a terminologia de Alfred Korzybski (*Science and Sanity*, 1933), eu dei o nome de "Neuro- Semântica".

Em colaboração, Bob decidiu criar um site e me pediu para escrever a visão para que ele pudesse colocar no site. Eu rapidamente coloquei em palavras a visão que discutimos, acreditamos e queríamos para o nosso campo:

"Nossa visão é levar a PNL a um nível superior profissional e eticamente. É *viver* as premissas da PNL de operar a partir de um estado de abundância, colaborar, dar crédito às fontes e sempre tratar as pessoas com dignidade e honra."

Era simples assim. Alguns dias depois, alguém ligou e perguntou o que era preciso para se juntar à "Sociedade da Neuro-Semântica". Nós não sabíamos a resposta. Por incrível que pareça, não havíamos pensado em tudo isso! E até o final da semana, mais sete pessoas queriam "juntar-se" a nós. Hoje, há milhares e milhares de treinadores, *coaches* e membros da Sociedade Internacional de Neuro-Semântica em quarenta e quatro países.

História do Ian

Em 1988, eu fundei a International Teaching Seminars – vinte e cinco anos ministrando seminários e treinamentos. Fiquei fascinado pelas Neurociências e me perguntei: "O que vem sendo pesquisado pela Neurociência que confirma o que fazemos na PNL nos últimos 35 anos?".

O que eu sabia era que o cérebro parece classificar o tempo espacialmente. Então, ser capaz de unir esses mundos parecia uma coisa óbvia a ser feita. Foi quando fui atrás de um neurocientista que desejasse explorar a aplicação prática de suas pesquisas. Mas havia um problema: eles eram poucos e distantes uns dos outros.

Por fim, encontrei um neurocientista que havia se tornado um *coach* executivo e estava se saindo bem. Ela estava aplicando sua credibilidade oriunda da neurociência no trabalho de *coaching* com PNL. No entanto, percebi que a combinação das duas era muito maior do que apenas isso. Não podia ser apenas vender "Coaching com Neurociência". Tratava-se de promover um reconhecimento mútuo entre profissionais de duas áreas diferentes e de como eles poderiam trabalhar juntos de forma benéfica.

Eventualmente eu conheci Patricia Riddle, que tinha 30 anos de experiência em pesquisa e, de forma inusitada, havia completado um treinamento de Practitioner em PNL. Da forma como Patrica conta a história, ela foi ao treinamento sem esperar muito, mas acabou achando muito interessante.

Ela ficou surpresa com a forma como os treinadores demonstravam uma técnica com sucesso, e depois diziam: "Mas a neurociência não aceita isso". Ela pensou: "Como cientista, isso faz todo o sentido e eu posso dizer o porquê". No entanto, nada foi feito depois disso. Ela apenas finalizou o curso.

Nesse momento, minha curiosidade atingiu o pico: "Por que o treinador não disse: "É mesmo? Fale-me mais". Então, eu perguntei: "O que é mais importante para você?", e ela respondeu: "Eu quero ver as pessoas aplicarem o que aprendemos. Isso me levou à ideia de "Neurociência Aplicada".

Quando concordamos em colaborar, nossa visão maior era a de levar às pessoas o que a neurociência pode trazer para o mundo, e aplicar isso ao que foi praticado na PNL, tornando os processos disponíveis mais facilmente. A primeira etapa foi organizar o Treinamento de Practitioners de PNL. No primeiro módulo, Trish entrou e fez uma revisão em neurociência dos dois dias anteriores de treinamento. Isso foi feito em todos os cinco módulos do curso Practitioner. Esse foi o nosso primeiro projeto.

Isso nos levou ao próximo projeto. Nós pensamos: "Vamos transformar isso e criar a Neurociência Aplicada imediatamente. Serão 10 semanas e cinco módulos. O que aprendemos com a neurociência? O que aprendemos com os teinamentos vivenciais da PNL? É de fácil aplicação e uma maneira diferente de pensar – uma que eu acho altamente estimulante." Isso nos levou a cocriar os módulos à medida que fomos conversando. Vendo isso como os primeiros passos, nosso plano é continuar, porque é muito divertido fazer isso.

Estamos demonstrando colaboração por meio de uma conversa de via dupla. Nós vamos pensando à medida que voamos, vamos marcando o que é improtante, e fazemos disso uma questão em aberto.

O problema: anos de pesquisa presos no laboratório.

Enriquecido: pelo encontro das diferentes áreas.

Ela queria aplicação, eu queria fazer uma ponte entre as áreas.

Solução descoberta via *brainstorming* ... treinamentos, vídeos etc.

Desafio: trazer isso para fora, para que as pessoas possam usar, a partir de pesquisas rigorosas. Demonstrando relevância, benefícios.

Estratégia: concordamos em uma estratégia inicial e depois fomos mudando à medida que aprendemos.

Interferências maiores: divergência de agenda, ambos excessivamente ocupados. Encontrar tempo para trabalhar em conjunto. Ela se tornou professora durante esse período e assumiu novas responsabilidades. O estresse do sucesso! A realização torna-se o impedimento.

Existe uma faceta sistêmica da colaboração: quando colabora, você não está apenas colaborando com seu parceiro, mas com ele e todo o seu sistema. Qual é o sistema de cada parceiro? Qual a participação de cada sistema no todo?

De que modo as partes interessadas serão atendidas para que não se tornem interferência?

Aconteceu uma espiral de colaboração no que fizemos. Primeiro, fizemos uma iteração do Practitioner em PNL com Neurociências. Essa foi a primeira parte e, a partir dessa experiência, soubemos que dava certo e que podíamos trabalhar bem juntos. Então, passamos para o próximo projeto, que é uma segunda iteração. Certificamos pessoas em *Neurociências Aplicadas*. Como isso, tudo começou a funcionar muito bem, e nós dissemos: "OK, vamos passar para a terceira iteração, que é ..." E é onde nós estamos hoje, no momento em que escrevo.

2. Um convite é apresentado

Seja um problema ou uma visão, o *convite* é um chamado para resolver um problema ou cumprir uma visão. Normalmente, o convite começa quando uma pessoa pensa em voz alta, na presença de uma ou várias pessoas. Mais tarde, o convite torna-se mais formal e organizado como uma proposta para fazer algo em conjunto. Muitas vezes, convites são algo do tipo: "alguém deveria fazer algo sobre isso".

A visão que Michael criou para a Neuro-Semântica surgiu do diálogo com talvez uma dúzia de pessoas sobre a ideia de "levar a PNL a um nível superior". Ao formular a visão, Michael, inicialmente, convidou quatro pessoas que compartilhavam da mesma ideia. Então, eles organizaram a primeira sociedade de Neuro-Semântica. Logo depois convidamos outros dois, mas eles recusaram. Apesar de terem falado sobre a visão, sentiram que era muito arriscado para a reputação deles falar publicamente que achavam que a PNL tinha uma reputação muito ruim e precisava ser reformulada. Assim, eles não aceitaram o convite de fazer parte do grupo pioneiro.

No caso da colaboração de Ian e Patricia, foi a curiosidade de Ian que o levou a fazer o convite. Esse foi o pontapé para a pesquisa, que se tornou uma série de treinamentos na área interdisciplinar, o que ambos amavam.

3. Uma Solução é estudada, passa por *brainstorm* e é descoberta

A partir da necessidade ou desejo vem a exploração, o *brainstorming* e, eventualmente, a descoberta de soluções. A solução pode ser um produto, um serviço, uma informação ou uma experiência. A partir da colaboração de muitas mentes e conversas, emergem ideias à medida que as pessoas consideram as possibilidades do que elas podem fazer para lidar com o estímulo original por colaborar.

Encontrar e/ou criar uma solução está no cerne de uma colaboração. Pesquisas demonstram que, se a colaboração for organizada com um objetivo focado, os grupos podem ser mais criativos e gerar uma criatividade de maior qualidade do que os indivíduos. "Todos nós, juntos, somos mais inteligentes do que qualquer um de nós".

A solução que eu (LMH) criei com Bob Bodenhamer e depois com muitos outros, primeiramente se tornou um movimento. Então, alguns anos depois, a Neuro-Semântica tornou-se uma comunidade e, eventualmente, uma organização internacional. Em primeiro lugar, a solução era *ser a mudança e a experiência* de que falávamos e descrevemos. Para nós, isso coloca "aplicar a si mesmo" dentro da própria visão e fórmula de Neuro-Semântica. Parte da solução também era o valor de deixar as coisas evoluírem. Isso foi expresso na declaração: "Nós continuamente o inventamos à medida que avançamos", que colocamos a melhoria e evolução contínua no âmago da comunidade.

4. Um Desafio e Compromisso são Assumidos

Criar uma solução não é o fim, é apenas o início de uma colaboração. Depois que uma solução manejável e praticável é criada, vem a parte difícil, que é *assumir o desafio de aplicar a solução*. Isso significa conseguir que a mudança ou projeto sejam comprados (acreditados). A colaboração mental que gera algumas boas ideias, ou até ótimas ideias, não levará a nada se não houver liderança. É a liderança que transforma uma grande ideia em uma visão e, em seguida, convida as pessoas que possivelmente poderiam transformá-la em realidade a comprar a ideia.

Eu (LMH) pensei que era uma ótima ideia criar uma comunidade inteira de pessoas que viviam os valores da PNL – bons comunicadores éticos, profissionais, ecológicos, trabalhando os conflitos, compartilhando recursos, dando crédito devidamente, colaborando como parceiros, e assim por diante. Amei a ideia e acreditei que muitos outros também a amariam. Eu também sabia que seria desafiante para as pessoas fazer as mudanças necessárias para praticar e viver essa ideia. Essa seria uma outra questão bastante diferente. Assim, ao longo dos anos, o "experimento" da Neuro-Semântica sofreu numerosas transformações. Isso foi verdade para "o time de liderança" que reunimos. Também foi verdade para todos os institutos que lançamos em duas dezenas de países ao redor do mundo. Continuamos a "inventar as coisas à medida que seguimos em frente".

Em 2010, enquanto estava na África do Sul, eu estabeleci um problema e uma visão para nossos Meta-Coaches na comunidade da Neuro-Semântica. "Quantos de vocês disseram sobre a PNL: 'Eles deveriam ensinar isso para as crianças?'". "Quantos de vocês se perguntaram: "Por que eles não ensinam esse conteúdo nas escolas?"". Todos reconheceram que pensaram nisso e a maioria confirmou que eles realmente o haviam dito em um momento ou outro. "Então vamos fazer isso". Eu propus. "Vamos tomar os conteúdos básicos da PNL e de Meta-Estados e vamos criar um plano de aula diário para professores e apostilas apropriadas para as crianças, de acordo com a sua idade escolar". E foi exatamente isso o que eles fizeram.

Usando o material dos adultos para um treinamento de seis dias (48 horas) que introduzia os fundamentos do modelo de comunicação da PNL e do Modelo de Meta-Estados aplicado à maestria pessoal, 40 Meta-Coaches escreveram doze livros escolares, um para cada série. Cada livro possui 40 aulas, uma para cada semana do ano letivo, e cada uma foi projetada para uma hora de aula. O tema de todos os materiais é *Autoliderança*.

Embora possa parecer simples, esse foi um grande projeto. Primeiro, uma equipe de liderança de sete pessoas planejou as 40 lições com os temas para cada nível e depois reuniu duas a quatro pessoas para fazer o projeto e a escrita finais para cada uma das doze séries escolares. Os manuais para adultos são de 150 páginas, e da mesma forma são os livros de cada uma das dozes séries. Enquanto isso, uma empresa na África do Sul, a AMKA, sob a orientação do CEO Nizam Kalla, assumiu a liderança e forneceu uma escola local em Joanesburgo para a realização do programa durante o ano escolar, como nosso protótipo. No total, o desafio e o compromisso de completar esse projeto levaram, aproximadamente, dois anos e meio. Hoje, estamos disponibilizando os materiais para qualquer escola do mundo. Isso levou outros grupos, em nossa comunidade, a traduzi-los para espanhol, norueguês, chinês, português e outras línguas.

5. Uma estratégia é acordada para o projeto

A partir da visão de liderança e dos valores para a gestão dos processos específicos, uma estratégia deve ser desenvolvida. Isso se refere a gerar uma maneira estratégica de organizar, fazer orçamento, estruturar e resolver problemas para que possamos avançar a colaboração. Nesse ponto, a colaboração se resume ao gerenciamento em si, do dia a dia, das coisas que precisam ser feitas para que a solução almejada seja bem-sucedida.

No meu caso (LMH), isso significava fazer algo que eu realmente não queria fazer e que ainda penso que não sou muito bom em fazer. Isso significava sair do papel de definir e inspirar a visão, algo em que sou bom e que gosto de fazer, para o papel de administrar a visão. Isso implicou criar com Bob Bodenhamer o primeiro site, configurar e monitorar grupos de e-mail, obter reconhecimento de entidade sem fins lucrativos com a Receita Federal, registrar a marca "Neuro-Semântica", criar uma conta bancária, desenvolver os processos necessários para os encontros e tomadas de decisão da equipe de liderança, gravar decisões e planos, e muitas outras coisas.

Essas tarefas administrativas não são o meu forte. Mas se eu quisesse ver o nascimento da visão, sabia que tinha que fazer isso. Nos primeiros anos, com frequência deixei coisas importantes, que mereciam mais foco, escaparem. No entanto, esses erros e minha falta de atenção a esses detalhes me ensinaram a lidar com assuntos administrativos e aprender a habilidade de metadetalhamento, que refere-se a manter a perspectiva mais ampla (o meta-enquadramento de referência) e, *simultaneamente*, identificar os detalhes específicos que o tornam real.

6. A solução inovadora é lançada

A estratégia para gerenciar a solução é a solução inovadora lançada a partir da colaboração. O que é lançado como a implementação representa, em verdade, as atividades do dia a dia que tornam a solução criativa real em nossas vidas. É aí que a visão se torna real e palpável na vida daqueles que compõem a colaboração.

Meu projeto colaborativo (LMH) na Neuro-Semântica foi o lançamento dos processos de tomada de decisão e reunião da equipe de liderança; divulgando como os Institutos operariam como unidades autogestionárias, com suas próprias equipes locais de liderança para apoiar e promover a Neuro-Semântica nos diferentes países. Em 2007, lançamos, como uma nova iniciativa, o "Novo Movimento do Potencial Humano" em uma série de workshops, seminários e anúncios. Em 2009, lançamos um conjunto de Cursos Profissionais em Neuro-Semântica, o que seria uma nova maneira pela qual os treinadores poderiam vender seus treinamentos. Em 2010, decidimos lançar uma Conferência Internacional a cada dois anos – foram feitas em 2011, no Colorado, e em 2013, em Kuala Lumpur, na Malásia.

7. Problemas e interferências em curso vem à tona e são tratados

Na colaboração, o estágio de execução da implementação e lançamento da solução, voltada para uma necessidade ou desejo, faz surgir uma série de desafios quanto à resolução de problemas. Tudo o que surge como um bloqueio ou interferência no sucesso da colaboração requer soluções adicionais, recursos, energia, dinheiro, tempo etc. No entanto, para que a colaboração seja bem-sucedida, essa é uma fase inevitável do processo. É o estágio de ajustar a solução criativa à realidade do contexto onde a inovação ocorre.

Para minha decepção (LMH) – bem, pelo menos no início –, descobri que outra solução deveria ser implementada se quiséssemos cumprir a visão de viver os padrões éticos e profissionais. Então, criei o *Processo de Resolução de Conflitos*. Trata-se de um acordo que todos os Treinadores e Meta-Coaches licenciados assinam como parte de seu licenciamento. Ele aborda como vamos trabalhar os conflitos. Por isso, nos comprometemos a trabalhar por meio de um processo estruturado em que enfrentaremos e lidaremos com conflitos que poderiam nos dividir. Hoje, isso é incorporado ao processo de licenciamento, bem como os detalhes da informação sobre o que significa ser um treinador ou *coach* licenciado sob a Sociedade Internacional de Neuro-Semântica. Como as pessoas não dariam seguimento a esse compromisso de resolver as coisas se tivessem sido descobertas envolvidas em práticas fraudulentas, criamos uma maneira de dar destaque a isso e alertar os demais sobre tal fato.

Outro problema que descobrimos e abordamos na Neuro-Semântica é o do desenvolvimento contínuo. Atualizamos continuamente os manuais de treinamento e revisamos nossas práticas e decisões regularmente. O meu próprio compromisso (LMH) é atualizar cada manual de treinamento a cada ano e, assim, incorporamos a prática de nomear a edição (Edição 8 ou 17, ou seja qual for). Isso cria problemas adicionais para aqueles que trazudem o material para espanhol, chinês, português, francês etc.; no entanto, é um problema necessário se não quisermos solidificar as coisas para que elas se tornem "pré-históricas".

8. O resultado é atingido (o problema foi resolvido, o objetivo alcançado)

Por meio da aplicação e execução dos processos em curso, melhoria contínua, processos de resolução, o objetivo primeiro da colaboração é atingido. O resultado é alcançado. Isso caracteriza o sucesso da colaboração.

Por mais de dois anos, tivemos quarenta dos nossos Meta-Coaches trabalhando para criar o *Projeto Escolar de Autoliderança*. Ele foi concluído em dezembro de 2012 e publicado no site para treinadores e coaches. Este projeto é um conjunto de 40 guias de aulas para crianças em idade escolar, que requer uma hora, uma vez por semana. Assim, em todas as séries, da primeira séria até a décima segunda, as crianças aprendem os padrões de PNL e Meta--Estados que foram construídos ao redor do tema da Autoliderança. Uma vez por semana, todas as semanas, em cada série, durante 12 anos, elas aprendem, de acordo com a sua idade escolar, os padrões para assumir o controle de suas próprias mentes, emoções e suas respostas. Uma vez concluído, foi lançado para mais de dois mil treinadores e *coaches,* tornando-se disponível para qualquer sistema de ensino.

9. O sucesso da colaboração é celebrado

Se a colaboração for do tipo por tempo limitado ou de evento único (para resolver um problema ou atingir um resultado desejado), então, após o sucesso, a colaboração termina. Nesse caso, um estágio natural do processo é comemorar o sucesso e encerrar a parceria colaborativa. Se a colaboração for do tipo que requer uma implementação contínua e regular, as celebrações serão feitas mediante o atingimento de determinadas metas.

Nesse ponto eu (LMH) percebi algo ponto fraco em mim, como líder. Meu próprio programa mental sobre "celebração" é que o atingimento de um resultado é, em si, a celebração. Eu quase não preciso fazer mais nada além de apenas observar e apreciar. No entanto, ao longo dos anos eu tive feedback suficiente para perceber que isso não é o suficiente para a maioria das pessoas. Eu sei disso porque muita gente me disse. Então, eu tenho aprendido.

Uma celebração diária é uma inovação que colocamos em todos os nossos treinamentos baseados em competências – as celebrações matinais. Nos treinamentos mais longos (aqueles que duram de 8 a 15 dias), criamos um painel de celebrações, onde as pessoas podem colar recados de reconhecimento de aprendizados, descobertas, pontos de ruptura etc. Todas as manhãs começamos lendo e reconhecendo as conquistas. Isso é feito pelos membros da equipe de assistência mais habilidosos em conduzir a celebração. No final, encerramos esses treinamentos com uma cerimônia de celebração formal, que geralmente leva duas horas completas, e depois vinho e aperitivos para a festa que se segue.

10. O Fim é Confirmado.

Como você reconhecerá a conclusão de uma colaboração? Você vai ter tempo para fazer ou dizer algo que vai honrar a aventura e trazer um bom fechamento para a experiência? Para uma colaboração de tempo limitado, o final deve ser tratado com tanta importância e significado quanto o começo. Revisando o processo, reconhecendo as coisas que funcionaram bem e aprendendo com as coisas que não foram importantes, para se ter um bom fechamento e que a colaboração seja lembrada com carinho e usada como recurso para futuras colaborações.

Em 2010, eu (LMH) convidei Shelle Rose Charvet para trabalhar comigo na criação do primeiro livro fruto de trabalho colaborativo no campo da PNL, *Innovations in NLP, Volume I* (2011). Lançamos uma chamada para selecionar novos padrões, modelos e produtos no campo da PNL. Durante um período de seis meses, colaboramos junto a 24 outros colaboradores que escreveram 17 capítulos sobre novos modelos, padrões e aplicações. Então, em novembro de 2011, na Conferência de PNL em Londres, fizemos o lançamento do livro, com uma dúzia dos autores colaboradores, para reconhecer a conclusão bem sucedida do projeto. Assim, com discursos e assinatura de livros, e brindes com taças de vinho, celebramos a conclusão bem sucedida desse projeto colaborativo.

Seus Próximos Passos como Líder Colaborativo

Existe uma estrutura para colaborar. Existem etapas e estágios específicos que regem o modo como as pessoas se reúnem para resolver um problema e/ou criar um novo e atraente futuro. Assim, para toda e qualquer aventura colaborativa, conhecer as etapas que compõem a jornada e onde você está no processo permite sua própria jornada de colaboração.

Se você já está colaborando com outros em um projeto, onde você está? Em quais das etapas de colaboração você é mais habilidoso e competente, e em qual delas você é menos competente? Quais talentos e habilidades você iria, ou precisa, encontrar em outras pessoas que poderiam contribuir com a parceria colaborativa?

1. Um Problema ou necessidade é descoberto, ou uma visão é criada.
2. Um convite é recebido.
3. Uma solução é estudada, passa por *brainstorm* e é descoberta.
4. Um desafio e compromisso são assumidos.
5. Uma estratégia é acordada para o projeto.
6. A solução inovadora é lançada.
7. Problemas e interferências em curso vem à tona e são tratados.
8. O resultado é atingido (o problema foi resolvido, o objetivo, alcançado).
9. O sucesso da colaboração é celebrado.
10. O fim é confirmado.

* * *
Capítulo 6

INSPIRANDO A COLABORAÇÃO
O Chamado da Colaboração

A colaboração é uma paixão, não uma mera co-habitação.
Onde não há paixão real, não haverá uma colaboração real.

"Estamos presos numa rede de reciprocidade,
da qual não se pode escapar, ligados por um único e mesmo destino..
Tudo aquilo que afeta um diretamente, afeta todos indiretamente."

Martin Luther King

"Nenhum de nós é tão inteligente quanto todos nós juntos."

Autor anônimo

Quando se trata do processo real de colaboração, são necessárias certas habilidades se quisermos criar uma colaboração saudável e robusta. As colaborações de alta qualidade não acontecem simplesmente. Elas são planejadas e criadas. Certas competências essenciais tornam possível a colaboração. Quais são essas competências essenciais? Neste momento, vamos nos concentrar em cinco dessas competências:

1. O *chamado* a partir do qual nós, ou outro, propõe uma colaboração.
2. A *coragem* de nos lançarmos externamente fazendo a proposta.
3. A *escolha* a partir da qual *resolvemos* colaborar.
4. A *cultura* que criamos, que dá suporte à parceria ou comunidade colaborativa.
5. A *conexão e a combinação* das diferenças que nós e os outros trazemos à colaboração para gerar uma sinergia.

Esses serão os temas dos capítulos seguintes, que detalharão as reais habilidades de como criar uma colaboração. Vamos começar, aqui, com o *chamado* à colaboração. É onde tudo começa.

Vivendo uma vida itinerante colaborativa

Se houve um dia alguém que *vivia sua vida por meio da colaboração*, esta pessoa foi Paul Erdos. Dr. Erdos era um matemático prodigiosamente talentoso e produtivo que Charles Krauthammer (2013) descreveu assim:

> "A vida inteira de Erdos era tão improvável que nenhum romancista poderia ter o inventado. Conforme relatado por Paul Hoffman no *The Atlantic Monthly*, Erdos não tinha casa, nem família, nem bens, nem endereço. Ele ia de conferência de matemática para outra, de universidade para universidade, batendo nas portas dos matemáticos em todo o mundo, afirmando: "Minha mente está aberta", e para ali se mudava. Seus colegas, agradecidos por ter alguns dias de colaboração com Erdos – sua amplitude matemática era tão impressionante quanto sua profundidade – o acolhiam." (p. 25)

Paul Erdos viajava carregando, literalmente, apenas duas malas, as quais continham tudo o que ele possuía – algumas peças de roupa e alguns artigos matemáticos. No entanto, ao colaborar com tantos matemáticos, no final de sua vida, por meio de centenas de colaboradores científicos, ele produziu mais de 1.500 trabalhos matemáticos.

> "Um legado surpreendente em um campo onde uma produção vitalícia de 50 artigos é considerado algo realmente extraordinário."

Erdos não era como tantos outros gênios que também eram excêntricos e que se tornaram totalmente absorvidos em um mundo de pensamentos, a ponto de serem antissociais (por exemplo, Bobby Fischer, Howard Hughes etc.).

> "Ele era gentil, aberto e generoso com os outros. Ele acreditava em fazer da matemática uma atividade social. Na verdade, ele era o matemático mais prolificamente colaborativo da história. Centenas de colegas que publicaram com ele ou foram aconselhados por ele tiveram algum avanço ou insight em uma noite com Erdos, de mente aberta. Essa sociabilidade o separa de outros gênios matemáticos." (p. 26)

A chave para a liderança colaborativa que Paul Erdos demonstrou foi a sua *abertura* – "minha mente está aberta" que o tornou um aprendiz ao longo da vida e que o distinguiu de muitos matemáticos que florescem cedo. Aos 83 anos, ele ainda estava aprendendo e ainda fazia contribuições originais. Por sua *abertura social*, ele se disponibilizou para colaborações. Ele fez a ligação à colaboração, simplesmente aparecendo na porta de alguém, tocando a campainha e dizendo: "Estou aqui para colaborar, eu tenho uma ideia... quando começamos?"

A Competência Essencial de Fazer o Convite

As colaborações geralmente começam com uma inspiração. Um indivíduo ou um grupo recebe uma inspiração e, por essa inspiração, invoca os outros para se juntarem em um esforço colaborativo para transformar a visão inspiradora em uma realidade. A maioria das colaborações começa dessa maneira.

Liderar uma colaboração pode ser feito por um indivíduo ou um grupo (uma equipe de liderança). Quando isso acontece, os líderes convidam ou convocam pessoas (e grupos) para a colaboração. Eles começam a colaboração sugerindo-a. Vendo a possibilidade, eles então fazem o pedido. Sem alguém para ver a possibilidade e fazer o pedido, a colaboração não acontecerá.

Convidar uma colaboração é o que é preciso para começar. O que poderia ser mais simples ou óbvio? No entanto, não deixe o *óbvio* e o *simples* enganá-lo. Isso é porque convidar uma colaboração requer muitos dos ingredientes essenciais que compõem o melhor em liderança: visão, coragem, assumir riscos, confiança, acreditar nas pessoas, retirar-se etc. Neste convite à colaboração, existem dois tipos de relacionamentos colaborativos.

Primeiro, há o relacionamento instrumental colaborativo. Trata-se de uma união de pessoas por tempo determinado e finalidade específica que colaboram por algum propósito – um propósito que terá um fim em algum momento. Como esse tipo de colaboração requer uma estratégia de saída, é melhor imaginar e planejá-la desde o começo.

Em segundo lugar, existe o relacionamento colaborativo visionário. Isso envolve um legado que vai além de si mesmo e talvez até do seu tempo. Essa colaboração não termina, mas continua evoluindo e mudando no futuro. Isso requer a preparação da liderança para que outros possam assumir o produto ou serviço coletivo.

Depois que eu (LMH) iniciei a colaboração com Shelle Rose Charvet no livro *Innovations* e concluímos o projeto. Foi aí que nos perguntaram sobre nossa colaboração e a colaboração que criamos, com tantos líderes no campo da PNL. As pessoas queriam saber sobre isso.

- Como começou?
- Qual de vocês teve a ideia primeiro de se unir nesse projeto?
- Como todos vocês se uniram, a princípio? Qual foi o ímpeto original que provocou a ideia de colaborar?

O que descobrimos foi que geralmente havia uma pessoa-chave que desempenhou o papel de *convocador*. Essa pessoa viu a necessidade ou a visão e fez o convite original para que outros se unissem. De tempos em tempos, duas ou três pessoas podiam reconhecer em conjunto a necessidade e agiram como em uníssono. Isso aconteceu com Shelle Rose Charvet e eu (LMH), em nossa primeira colaboração que resultou no livro *Innovations in NLP* (2011). Eu a iniciei porque senti a necessidade de colaborar no campo da PNL, e porque havia escrito uma crítica sobre um livro em particular, o qual senti que não conseguiu criar um "mundo onde todos se sintam bem-vindos".

Ao ler minha revisão, Shelly me contatou e, apesar de sentir a mesma necessidade, percebeu que a minha abordagem era mais reativa do que proativa. Ela disse que tudo se resumiu em "criticismo sem proposta de solução". Ao escutar o que ela dizia, tive que concordar.

Ela estava certa. Então, ela me desafiou: "Por que você não faz algo sobre isso?". Na verdade, pensei que era uma ótima ideia, embora eu não soubesse exatamente o que eu faria sobre isso. Mas eu estava disposto a examinar o que poderia ser feito para depois agir, se isso fosse possível. Tendo sido desafiado, eu me virei para a Shelly e disse: "Eu farei algo sobre isso *se* você me ajudar, *se* você fizer parte desse projeto acontecer". Depois, no lançamento do livro em Londres, ela disse que sua resposta interior à minha contra-proposta foi: "Ferrou!". E foi assim que começou essa colaboração.

O Poder de um Convite

Até nós três (Michael, Ian e Shelly) estudarmos e modelarmos a colaboração.Nenhum de nós apreciava completamente o poder contido em um convite. *No entanto, dentro de cada colaboração bem-sucedida, há um convite.* Alguém ocasionalmente *convidou* uma ou mais pessoas para se unirem e suprir uma necessidade. No entanto, o "poder" dentro disso é sutil. Às vezes, muito sutil, como quando alguém diz algo de maneira bastante despretenciosa: "O que você acha da ideia de...". O poder contido no convite é o de que ele faz com que as pessoas comecem a pensar em colaborar com algo que nunca tinham considerado antes. No entanto, sem o convite, o impulso generalizado para fazer algo desaparece e não dá em nada.

O convite à colaboração é um ato de fé. Isso porque ele surge da fé de que podemos fazer algo sobre uma necessidade ou uma visão. Ele surge da fé de que, juntos, podemos alcançar mais coisas, e de maior qualidade, do que sozinhos. Isso surge da fé que podemos confiar e depender uns dos outros para atingir uma visão.

Ao mesmo tempo, o convite é um ato de coragem. Alguém tem que fazer o convite e, embora não tenhamos números estatísticos sobre isso, a experiência sugere que muitos, talvez a maioria dos convites. não são aceitos, não são acreditados, não são confiados ou são absolutamente criticados ou rejeitados. Tais "convites" muitas vezes são desprezados como sendo irrealistas, demorados, como não tendo recursos suficientes etc.

Talvez seja por isso que, muitas vezes, o convite não bate na porta e anuncie: "Eu estou convidando você a colaborar em um grande projeto que mudará o mundo!". Em vez disso, vem como sugestões, vagas, comentários espontâneos feitos no impulso do momento. Pode até surgir como uma piada enquanto vocês estão tomando um copo de vinho.

"Não seria bacana se uníssemos nossas forças e fizéssemos algo realmente grande?"

"Olha que ideia maluca: e se nós conseguíssemos fazer com que Joe e Brenda nos ajudassem com isso?"

"Outro dia, fiquei me perguntando como seria uma empresa que combinasse a Microsoft e a Apple".

O mais importante nisso é o de que alguém deve dar início aos convites para a colaboração. Em termos de mudanças sociais, Malcolm Gladwell, em seu livro mais vendido, *The Tipping Point* (2000), identificou o Expert, o Conector e o Vendedor como sendo os três papéis fundamentais para os movimentos de mudança social de base. Dado esses papéis, é o conector que primeiro conecta as pessoas, fazendo o convite à colaboração.

A Coragem de Fazer o Convite

O que é necessário, se você tiver uma ideia, para chamar os outros de forma que se unam em colaboração? Certamente, requer paixão e emoção. No entanto, também requer muita coragem. Afinal, você pode ser ridicularizado, zombado, recusado, rejeitado ou pior. Se você tem uma ideia, um objetivo. ou visão que é grande demais para uma pessoa atingir sozinha, então o próximo passo é descobrir quem já naturalmente compartilha dessa ideia ou visão. Às vezes, isso significa "lançar muitas sementes nas águas" para ver para onde vão e quem responde.[1] Você faz isso quando não sabe *quem mais* poderia estar pensando da mesma forma ou quem mais poderia partilhar da sua paixão.

Eu (LMH) acho que *convidar* para uma colaboração é uma forma fácil e natural de estar no mundo. Depois que comecei essa pesquisa com o Ian, percebi que, durante anos, eu estive jogando fora ideias e possibilidades para numerosas colaborações com uma gama numerosa de pessoas. Quando eu tinha uma prática de psicoterapia individual na pequena cidade onde moro no Colorado, acho que fiz isso para ser parte de algo maior do que eu, para ser desafiado, e estar na vanguarda da psicoterapia. Eu não só juntei-me a associações de psicoterapeutas e participei ativamente desses grupos, como também convidei outros a se juntarem a mim em algumas práticas experimentais que eu lia nos livros (por exemplo, vamos montar uma sala de espelhos para observarmos uns aos outros e dar feedback de melhorias) e eu também me convidava a participar de seus projetos (!). Quanto a "convidar-me para participar de seus projetos" às vezes isso era acolhido calorosamente. Outras vezes, eles pareciam olhar para mim como se fosse de outro planeta.

Às vezes, no entanto, significa ser mais estratégico. Significa estudar para descobrir quem mais está falando sobre essa necessidade ou a visão, entrevistar pessoas que possam saber, e pesquisar o que já se sabe sobre isso e quem já está trabalhando nessa área. E às vezes você pode descobrir que um líder e um grupo já começaram a trabalhar encima da ideia, e agora o convite pode ser o seu pedido a eles de fazer parte da colaboração deles.

Escolhendo a chamada que você fará para uma colaboração

Se convidar para a colaboração é uma competência central, e *corajosamente* fazer a chamada é outra, então a terceira habilidade é *escolher* colaborar. Afinal, em termos de escolha, há muitas a se fazer, muitas decisões:

___ Em que eu quero colaborar ou sobre o quê?

___ Sobre o que eu me importo e sinto paixão por fazer com outras pessoas?

___ Eu me lanço e faço a chamada ou eu encontro outros que já começaram e corajosamente se juntaram a eles?

___ Quando eu ou nós temos uma ideia, quando iniciamos a colaboração e como decidimos sobre o lançamento?

___ Esta é uma colaboração *ad hoc* em curto prazo ou em longo prazo?

___ Quando poderemos prever que a colaboração vai acabar?

___ Estou pronto para colaborar? Estou pessoalmente preparado, mental e emocionalmente, para entrar em uma colaboração?

___ Eu ou nós temos um plano de saída (ou de finalização) em mente para que possamos encerrar a colaboração tão graciosamente quanto começamos?

___ Eu ou nós temos as habilidades de comunicação para esclarecer nossos objetivos e métodos de colaboração ou precisamos, primeiro, de colaboração sobre isso?

Dentro da ação de fazer o chamado existem muitas escolhas que você deve fazer – escolhas sobre o quê, onde, quando, quem, e possivelmente como. Haverá escolhas sobre valores, critérios e padrões. Haverá escolhas sobre estilo e química.

Liderando o Chamado

Dado que um líder colaborativo irá liderar a colaboração, existem, no início, vários papéis de liderança que são necessários. Existe o papel de convocador, o papel de visionário e o papel do planejador. Ele ou ela faz isso apresentando uma visão que vê oportunidades e convida, solicita e convoca as pessoas. O líder se move para chamar um ou mais outros para participar da colaboração. A principal ferramenta para essa chamada é uma visão que estimule as pessoas a seguirem-na. É conduzir à criação de uma visão efetiva, que inspira, revigora e alinha as pessoas. A visão que irá gerar isso proporcionará uma consciência do que fazer, por que fazê-lo e como fazê-lo.

Como líder colaborativo, uma habilidade necessária é a de reconhecer a excelência nos outros. Warren Bennis (1997), sobre o que significa ser um líder forte, liderando uma colaboração, descreve:

> "A capacidade de reconhecer a excelência em outros e no trabalho deles pode ser o talento que define os líderes de grandes grupos... Esses líderes são como grandes maestros. Talvez eles não consigam tocar o Primeiro Concerto para Violino de Mozart, mas têm uma profunda compreensão do trabalho e conseguem criar o ambiente necessário para realizá-lo." (p. 200)

Reconhecer a excelência nos outros, obviamente, exige procurá-la. É incrível o quanto não podemos ver nem mesmo por onde estamos procurando. Portanto, o desejo de ver, e até mesmo caçar talentos e habilidades, e imaginar a presença de talentos nos outros, é a essência disso. No entanto, o que é ainda mais raro é a capacidade de vê-lo quando está em sua forma embrionária, antes de ser desenvolvido. Para isso, você deve desenvolver uma crença sobre o potencial das pessoas.

As Qualidades do Convite para a Colaboração

Quando se trata de colaborar e convidar, e de prever o caminho da colaboração para o qual você está convidando as pessoas, existem quatro variáveis-chave que identificamos em colaborações eficazes. Essas variáveis são: cuidado, confiança, trabalho e alegria.

1. *Cuidado*: uma paixão por algo maior do que você, como indivíduo.
2. *Confiança*: um respeito pelas habilidades, conhecimentos e competências dos outros.
3. *Trabalho*: a visão de uma tarefa que é extremamente importante e que requer o esforço de muitas pessoas.
4. *Alegria*: a graça de fazer algo que é altamente significativo.

Dimensões da Colaboração

Na Área 1: temos Cuidado + Confiança + Trabalho, mas sem alegria. Aqui temos uma colaboração triste.

Na Área 2: temos Alegria + Cuidado + Trabalho, mas sem confiança ou respeito. Aqui, temos uma colaboração desconfiada.

Na Área 3: temos Trabalho + Confiança + Alegria, mas sem paixão ou cuidado genuíno. Então, isso nos dá uma colaboração fria.

Na Área de Sobreposição: temos Cuidado + Alegria + Trabalho + Confiança e isso nos proporciona uma colaboração excelente.

Seus Próximos Passos como Líder Colaborativo

Há sempre alguém, ou um grupo de pessoas, que iniciam uma colaboração em torno de uma meta ou projeto. Esta pessoa será você? Você irá encarar o desafio? Agora que conhece as três primeiras competências básicas para da colaboração, como está nessas três habilidades?

____ *Chamando* os outros para se unirem a você em um projeto colaborativo.

____ *Corajosamente* convidar os outros ou pedir para se unir a eles.

____ *Escolher* os detalhes de quando, como, quem e porquê da colaboração.

Se alguém não se levantar, falar e *pedir* aos outros que se unam para atingir uma visão colaborativa, ela nunca acontecerá. Essa oportunidade será perdida. Quantas colaborações poderiam ter acontecido, sobre as quais as pessoas pensaram, sonharam e falaram, mas nunca se realizaram? E por que não? *Porque ninguém começou*. Agora, dado que as colaborações acontecem por meio dos convites, que convite você recebeu de alguém, ou que convite você fez ou precisa fazer? Quais convites sutis foram oferecidos a você?

Nota do Fim do Capítulo

[1] Isso provém da declaração presente em Eclesiastes 11:1. "Lança o teu pão sobre as águas, pois o encontrarás depois de muitos dias".

* * *
Capítulo 7

ESCOLHENDO COLABORAR

A Arte de Decidir

"Devemos fazer as coisas que achamos que não conseguimos fazer.
O futuro pertence àqueles que acreditam na beleza de seus sonhos ".
Eleanor Roosevelt

"Esses líderes se veem menos como solistas do que como colaboradores.
Líderes e seguidores estão envolvidos na mesma dança."
Warren Bennis

Você irá ou não colaborar? Se você e/ou outros tiverem uma ideia ou projeto em mente, e vocês analisaram suas possibilidades, então chegará o tempo de se fazer uma escolha. Você irá decidir por colaborar ou não? Se fizer essa escolha, é a partir deste ponto que a colaboração começa. *Afinal, as colaborações não acontecem, elas são escolhidas.* As pessoas que vêem a visão e falam sobre isso chegam a um ponto em que dizem: "Ok, vamos fazer isso". Elas se comprometem. É a partir desse ponto que a colaboração tem seu início.

Toda colaboração também possui um ponto final. Assim como houve o dia em que nos reunimos, unimos nossas cabeças e corações para colaborar em um projeto emocionante, assim também, para a maioria das colaborações, chega o dia em que o projeto chega ao fim. E assim também tomamos a decisão de que é hora de reconhecer, honrar e comemorar o fim desta colaboração particular. Nós fizemos o fechamento da colaboração.

Terminamos o capítulo 9 identificando muitas das opções que estão envolvidas em uma colaboração. E existem muitas decisões e escolhas menores envolvidas no ato iniciar de requerer a colaboração. Agora passamos para a decisão do início. Esta é a grande decisão. Em primeiro lugar, é a decisão de escolher colaborar, e a decisão de iniciar o projeto, uma vez que a fase de pesquisa acabou.

O que você traz à colaboração?

Imagine uma bateria feita de madeira! Ridículo, certo? Bem, o professor Hu e seus colegas estão trabalhando justamente nisso. Hoje ela já é um protótipo e eles continuam a ajustar os materiais antes de terem algo comercialmente viável. Esta foi a notícia que Heather Rousseau escreveu em seu artigo, "*All Charged Up: Engineers Create A Battery Made Of Wood*". A bateria está sendo desenvolvida no *Energy Research Center*, na Universidade de Maryland, em College Park.[1]

Esta história apareceu no programa de rádio nacional, PRN, em julho de 2013. O que chamou nossa atenção foi algo a respeito daqueles que surgiram com essa ideia. Isso porque um dos autores que descreveu o artigo de pesquisa na Nano Letters era um estudante universitário. A pergunta: como um estudante universitário jovem se torno co-autor de um artigo em uma grande revista científica?

Dr. Liangbing Hu, chefe do projeto, diz que Nicholas Weadock era um estudante de engenharia que expressou interesse em trabalhar no laboratório. "No começo, ele ajudava os estudantes, meus estudantes de doutorado na verdade, a corrigir alguns erros de gramática em inglês". Muitos doutorandos do Dr. Hu são de fora dos EUA

"Durante o processo ... [Weadock] fez muitas perguntas interessantes e muito perspicazes, não só sobre a nomenclatura, mas sobre a ciência por trás disso".

Weadock diz que originalmente queria trabalhar com energia eólica, mas se interessou pela tecnologia de armazenamento de energia e queria mostrar a Hu que poderia ser uma contribuição ao laboratório.

"Eu vim para as reuniões do grupo, fiz sugestões e fui ambicioso o suficiente para mostrar-lhe que posso fazer meu próprio projeto".

Desde então Weadock já foi ao Instituto de Tecnologia da Califórnia para a pós-graduação, onde planeja continuar trabalhando no armazenamento de energia. O Dr. Hu diz que a experiência positiva com o Weadock o convenceu a recrutar mais alunos de graduação para o seu laboratório.

Nesta colaboração surpreendente, o que o jovem Weadock trouxe à colaboração? Ele teve muita curiosidade curiosidade, um compromisso com o aprendizado e um desejo de colaborar.

A estratégia de tomada de decisão

Como você decide? Você decide com base nos prós (vantagens) e contras (desvantagens) da decisão de participar de uma colaboração. Sua decisão também se baseia nos prós e contras da sua decisão de permanecer onde está. Como fica o balanço disso para você? Para que lado pende a balança em termos de valores, dos padrões, dos critérios que você usa para pesar os prós e os contras em cada lado da decisão?

Em qualquer processo de tomada de decisão, existem os prós e contras específicos tanto para seguir e ou não com a decisão. Acima desses detalhes estão os padrões de valores que você usa como seus critérios. Estes são os padrões pelos quais você determina o significado da possível colaboração e os pesa em detrimento de seus valores.

Cada decisão envolve prós e contras. Se não existissem muitas vantagens de colaborar, ou pelo menos uma vantagem dominante, nós não escolheríamos colaborar. E, ainda assim, para cada decisão existem desvantagens, para cada decisão que dizemos *sim*, temos que dizer *não* para outras coisas.

Para fazer a escolha, é comum que as pessoas criem uma lista de benefícios ou vantagens em sua mente e comparem isso com uma lista dos custos ou desvantagens. Quando fazemos isso, dizemos coisas do tipo:

> "Por um lado, economizaria tempo ou dinheiro; e eu não precisaria reinventar a roda, mas, por outro lado, há uma escadria íngrime do que preciso aprender e isso tomará muito tempo no começo."

Uma abordagem mais estratégica é a de escrever isso em duas colunas.[2] O incrível é que quando faz isso, você libera sua mente para pensar em outros itens para as colunas. Isso também lhe dá a oportunidade de plantar várias perguntas em sua mente:

O quê mais? Quais são os outros benefícios?

Quais são as outras desvantagens?

Que padrões eu quero usar para governar minhas decisões?

O que é importante para mim para eu decidir com relação a qualquer oferta de colaboração?

Depois de ter uma lista completa, você pode avaliar cada item em uma escala. De 0 a 10, *quão importante* é este item? Colcoar cada item em escala, em seguida, permite que você some os números de cada coluna para ver como fica o balanço entre vantagens e desvantagens. Se o peso de cada lado for muito próximo, a balança apontará um equilíbrio. Normalmente, isso explica a indecisão.

Figura 6

	Vantagens +	Desvantagens –
Se eu seguir com a decisão		
Peso do valor emocional		
Se eu não seguir com esta decisão		
Peso do valor emocional		

Em seguida, explore os critérios que você, consciente ou inconscientemente, usou para fazer a avaliação dos valores.

A partir de quais padrões, valores, regras ou julgamento você determinou as notas que deu?

O que é importante para você? O que você valoriza?

O que você desvaloriza?

À medida que você dá um passo atrás do seu conjunto de critérios, qual seria o seu objetivo?

Quais são seus objetivos e resultados?

Esses padrões são ecológicos para você?

Eles o atendem bem? Eles trazem o seu melhor?

Depois de desenvolver sua estratégia de decisão em termos dos conteúdos que você listou, escalonou e ponderou, identificou os critérios e regras no fundo da sua mente, agora você pode examinar seu estilo de tomada de decisão.[3]

- Quantas vezes você precisa considerar a decisão antes de estar pronto para fazer a escolha?
- Você escolhe de primeira, depois de três vezes, sete vezes ou nunca?
- A decisão precisa ser codificada em um determinado formato? Você precisa ver os itens escritos, dizer-se a si mesmo ou contar com seus dedos? (visual, auditivo, cinestésico)
- Você possui a identidade que o apoia a tomar uma decisão clara? A sua autoimagem e identidade permitem que você pense em si mesmo como uma "pessoa decidida?" Ou você é uma "pessoa indecisa?" Você precisa mudar sua autoimagem para que você possa ser mais decidido?
- Quando você toma uma decisão, permanece com ela? Ela é sólida e robusta ou a decisão desvanece e você volta a redecidir tudo de novo?

Liderando a Decisão

Quando você conduz as pessoas a uma decisão, você apresenta a visão e, em seguida, faz uma proposta de tal maneira que o valor da colaboração se vende sozinho. As pessoas vão querer se inscrever e fazer parte da equipe. Um desafio neste processo será não ir rápido demais. Tomar a decisão não pode ser fruto de uma euforia. Tão somente sentir-se entusiasmado e apaixonado por algo é, sozinho, um método inadequado para tomar uma decisão inteligente.

Para se obter um compromisso sólido e verdadeiro para com a colaboração, você, como líder colaborativo, precisará possibilitar que as pessoas pesem os prós e os contras e considerar o verdadeiro custo do projeto. Ao assegurar que as pessoas tomem uma decisão sólida e inteligente – que se adequa aos valores delas e à sua situação de vida, então você poderá escolher as pessoas que irão participar da decisão de fazer parte da colaboração.

Como líder colaborativo, isso leva um tempo e, às vezes, este é um processo longo e demorado. E como as pessoas precisam falar em voz alta das suas decisões significativas e se sentirem ouvidas, isso requer muita paciência e elegância por parte do líder. Esse processo está no cerne de como conquistar as mentes e os corações das pessoas, e simplesmente leva um tempo.

Parte do motivo pelo qual leva tempo é porque liderar a decisão exige que juntemos todas as informações pertinentes de tantas partes quanto forem afetadas pela colaboração. E ainda assim, nunca alcançaremos todas as informações necessárias. No entanto, o que precisamos é tanta informação, relevante e precisa, quanto possível.

Outra parte do motivo pelo qual as decisões tomadas por grupos de pessoas levam tempo é que, como indivíduos, cada um de nós leva uma quantidade de tempo diferente para experimentar e conviver com uma ideia por tempo suficiente para se sentir confortável o bastante com ela.

A decisão por colaborar não se encerra com a decisão inicial que dá início à aventura. Depois disso, haverá muitas decisões ao longo do caminho que irão energizar a decisão original e dar-lhe um impulso. Isso porque, quando escolhe a colaboração, você está escolhendo ser responsável *por* você, ser responsável *para com* os outros, e compartilhar a autoridade. Você está escolhendo compartilhar conhecimento e informação e ser transparente com aqueles com os quais você está colaborando.

Decidindo por Encerrar uma Colaboração

Toda colaboração também tem um ponto final. Assim como houve o dia em que nos reunimos, unimos nossas cabeças e corações para colaborar em um projeto emocionante, assim também, para a maioria das colaborações, chega o dia em que o projeto chega ao fim. E então? Como terminamos graciosa e eficazmente uma colaboração que fez uma diferença tão positiva em nossas vidas?

Nós colaboramos por um motivo – para conseguir algo juntos que não podemos alcançar sozinhos ou separadamente. Então, naturalmente, quando atingimos nosso objetivo coletivo e não há mais um objetivo desafiador, a colaboração chegará ao fim.

1. Ao começar com o fim em mente, teça no plano uma estratégia de saída que irá definir quando e como você trará fechamento à colaboração.
2. Reconheça e honre os sucessos que vocês alcançaram juntos. Como fazer isso? Você criará um evento de celebração no final para reconhecer todas as pessoas que desempenharam papéis fundamentais? Você vai fazer uma festa?

Seus Próximos Passos como Líder Colaborativo

Quando tem a oportunidade de colaborar, como você vai decidir que a escolha de participar do projeto ou liderar a colaboração é a certa para você? O que você usará como seus critérios em relação a essa visão compartilhada, em particular, para que possa saber se ela é ou não adequada para você? Ter clareza disso agora permitirá que você esteja mais preparado quando perceber uma oportunidade, quando ela surgir.

Isso está de acordo com sua visão e missão de vida?

Qual é a sua visão e missão?

Isso está de acordo com seu estilo de vida?

Como você descreve a maneira como vive sua vida?

Você tem o tempo, a energia e as habilidades necessários?

Notas do Fim do Capítulo

[1] A bateria de madeira: a "madeira", na verdade, é representada por um conjunto de fibras microscópicas de madeira que são moldadas em folhas finas. As folhas são, então, revestidas com nanotubos de carbono e embaladas em pequenos discos metálicos. As baterias de madeira usam íons de sódio, em vez de íons de lítio encontrados nas baterias de celulares e laptops. Neste caso, as partículas carregadas se movem nas fibras de madeira, criando uma corrente elétrica. A madeira é um bom meio para que os íons de sódio se movam.

[2] Para saber mais sobre decisão, leia *Coaching Change* (2015), o capítulo 12 chama-se "Provocando a Mudança." O diagrama foi extraído deste capítulo e do Manual de Treinamento do Módulo III do Meta-Coaching.

[3] Essas considerações envolvem os "metaprogramas" da PNL. Para ver mais sobre metaprogramas, leia *Figuring Out People* (2005). Para ver mais sobre decisão, leia A Conversa de Decisão em *Coaching Change* (2004/ 2015).

* * *

Capítulo 8

CRIANDO UMA CULTURA DE COLABORAÇÃO

Colaboração de dentro para fora

"A coisa mais importante que alguém pode fazer para promover a colaboração é começar a confiar e agir de maneira confiável."

"Os líderes mais bem-sucedidos são sempre colaboradores. Eles sabem que não podem fazer tudo por conta própria. Isso significa que eles precisam trabalhar efetivamente com os outros ."
Ian McDermott (2010), Boost Your Confidence with NLP

"Os esforços colaborativos exigem uma nova forma de liderança que transforma a própria noção de liderança."
David Chrislip

Dentro de uma empresa ou organização, é preciso uma cultura muito especial para apoiar a colaboração. Em muitas culturas empresariais e organizacionais, a colaboração pode não só *não* funcionar, como nem mesmo ser iniciada. Muitas empresas têm uma cultura doentia anticolaborativa. O convite à colaboração, se é ouvido, é imediatamente rejeitado ou descontado em tais contextos. Por que? Porque há algo na cultura atual que está no caminho. Pode ser uma série de coisas que contrariam a colaboração: competição, escassez, desconfiança, política partidária, hierarquia etc.

> "Bem, pois eu te digo que não é assim que fazemos coisas por aqui! Então, não, eu não quero fazer isso. De qualquer forma, isso nunca funcionaria aqui."

Se existem então culturas (culturas empresariais, familiares, étnicas, financeiras etc.) onde a colaboração não é cogitada, então, qual é o tipo de cultura que é necessária para que a colaboração funcione? Qual é o tipo de cultura que incentivaria a colaboração a crescer e prosperar? Se você é um líder colaborativo, sabe como facilitar a criação de uma cultura que acolha abertamente a colaboração? Para ser bem-sucedido, você precisará saber como fazer isso.

A Cultura Necessária para a Colaboração

Se deseja uma cultura que apoie a colaboração, que inspirará e capacitará as pessoas a colaborar, você precisa de uma cultura muito especial que contemple:

1. Uma Cultura de Abundância e Crença na Abundância de Recursos

Como a colaboração prospera quando há uma atitude do tipo ganha-ganha, uma das principais crenças que apoiam esse tipo de pensamento é acreditar na ideia de que todos podem se beneficiar (chamamos isso de "mentalidade de abundância"), e operamos a partir dessa mentalidade. Isso leva o antigo jogo de soma zero para um de sinergia e ganha-ganha. Isso significa acreditar que minha "vitória" não precisa significar uma perda para alguém. Pode significar uma "vitória" para eles, também. O pensamento de escassez pressupõe que o bolo é tão grande e todo mundo que tira algo dele diminui o que está disponível para todos os outros. E apesar desse tipo de pensamento ser válido em alguns casos, para coisas concretas (mas, não para todas as coisas), trata-se de uma falácia quando se trata de recursos intangíveis.

Quando se trata de recursos intangíveis, *o próprio uso dos recursos cria mais desse recurso*. Quanto mais você sabe e aprende, mais você pode aprender e saber. O recurso do aprendizado e compreensão *não* é diminuído quando você repassa a alguém seu conhecimento e aprendizado. Você não empobrece de forma que tenha menos. Na verdade, você passa a ter mais. Além disso, o próprio processo de *usar* o seu conhecimento significa que você estará aprendendo mais, melhorando a qualidade e aumentando a quantidade do seu entendimento. E isso significa que, ao transmitir o que sabe, você amplia sua capacidade de conhecimento. O mesmo se aplica quando o assunto é dar amor e compaixão. O mesmo se aplica à liderança e ao gerenciamento. Funciona também com o respeito e a curiosidade.

Pensar a partir desse enquadramento de abundância significa que você sabe que usar uma qualidade intangível, ou proporcionar uma experiência intangível, cria mais – cria uma nova e ponderosa percepção. Isso produz um otimismo fundamental na natureza do mundo. Esse tipo de otimismo implica uma crença de um futuro melhor e um compromisso de criar esse futuro cheio de esperança.

A premissa da abundância é o de que vivemos ou poderíamos viver em um mundo de abundância – abundância de ideias, de criatividade, possibilidades, respeito, amor, aprendizado, crescimento etc. Quanto mais experiências dessas você produz, mais experiências dessas você pode criar. E quanto mais experiências dessas você cria, mais elas estão disponíveis. Abundância é um padrão do tipo "quanto mais-mais".

Essa premissa de abundância foi originada na psicologia da natureza humana a partir do trabalho de Abraham Maslow, e aparece no que ele chamou de *Necessidades do Ser* (em inglês, *B-needs*). Por outro lado, a premissa de escassez que leva à concorrência, em um foco centrado no ego, está pautada na necessidade de ganhar do outro, na necessidade de estar certo, na incapacidade de reconhecer as contribuições dos outros, na incapacidade de desenvolver novos líderes, de construir o reino em torno dos egos. Muitas outras forças destrutivas decorrem de se viver no domínio das Necessidades Deficitárias (em inglês, *D-needs*).

2. Uma Cultura do tipo Ganha-Ganha

Do pensamento de abundância emerge o pensamento colaborativo da crença de que todos podem ganhar. Pensar dessa forma é estar comprometido com o ganhar de todos, e estar disposto a fazer o que for necessário para que todos *possam* ganhar. Por outro lado, se não acreditarmos nisso, se não estivermos comprometidos com isso, se não organizarmos coisas para que isso aconteça, não será assim.

O contrário disso é o ganha-perde. Esse tipo de pensamento coloca as pessoas em desacordo umas com as outras e desencadeia um modo competitivo, em vez de um modo colaborativo. Pensar ganha-ganha significa que nosso propósito em colaborar *não* é o de tentar ser "o número 1" ou ganhar *dos outros*. Significa ganhar *com* os outros. Significa querer ser parte de uma equipe vencedora.

Isto é o que o especialista em controle de qualidade, W. Edwards Deming, fez com sua abordagem revolucionária para a qualidade. Em vez de executar um controle de qualidade *após* a criação de um produto, ele mudou o foco da fabricação para o processo de como os funcionários podem trabalhar juntos para produzir produtos de qualidade *durante* o processo. O que hoje parece ser o senso comum, era um pensamento revolucionário na época, quando ele sugeriu que os trabalhadores se tornassem uma equipe e gerenciassem, eles mesmos, a qualidade. Essa estrutura essencialmente colaborativa revolucionou as empresas no Japão, depois nos EUA, e no resto do mundo. A ideia de que os trabalhadores poderiam ser responsáveis pela concepção e integração conjunta da qualidade no processo era, a princípio, extremista, e até mesmo radical, e então mais tarde, se tornou o bom senso.

3. Uma Cultura de Empreendedorismo

Uma cultura na qual a colaboração surge, cresce e se torna dominante, é empreendedora por natureza. É uma cultura em que ser empreendedor, pensar como empreendedor e se comportar como empreendedor é algo encorajado, validado e recompensado. Isso significa assumir a responsabilidade pessoal e pensar sobre o sucesso de toda a empresa. Sem essa atitude, as pessoas não colaborarão, mas competirão.

A colaboração, assim como o empreendedorismo, envolve a experimentação, a tomada de riscos, tentar coisas novas, se aventurar em áreas novas sem qualquer garantia e pensar de forma não convencional. Quando um grupo pensa assim, existe a necessidade de apoio mútuo. O oposto de tudo isso é o pensamento burocrático, que é orientado para a segurança e para a proteção, e que se concentra no controle, em vez do apoio mútuo para se assumir riscos de forma inteligente.

No centro do pensamento empreendedor está a presunção da responsabilidade pessoal. A razão pela qual o empreendedor é proativo, responsivo, tem iniciativa e valoriza a responsabilidade é porque ele(a) reconhece e assumiu posse das suas habilidades de resposta. Quando os colaboradores se unem tendo essa forma de pensar, e agregam isso às suas interações, eles criam um senso mútuo de responsabilidade confiável. Isso fortalece sua colaboração e a torna possível.

A cultura do empreendedorismo descreve esse tipo de criatividade, que pressupõe as variáveis inerentes à criatividade. Isso inclui a capacidade de abraçar o ambíguo e confuso, a vontade de tentar coisas novas, de testar, de experimentar e ter uma abertura de espírito para ver as coisas de maneiras não convencionais. Em uma colaboração, tudo isso torna a experiência altamente estimulante, intelectualmente. Então, o próprio grupo torna-se criativo e capaz de criar novas ideias com bastante facilidade.

4. Uma Cultura de Confiança Mútua

Para que o pensamento ganha-ganha e empreendedor surja e funcione em uma organização, tem que haver confiança, muita confiança. Comece por presumir que as pessoas são confiáveis e dignas de confiança e use isso como seu *modus operandi*, porque só então a confiança se tornará operacional no modo como nos relacionamos uns com os outros. Só então surgirá uma colaboração de qualidade elevada. Sem uma base de confiança, a colaboração será reprimida, porque as pessoas terão resistência. Elas analisarão propostas de colaboração com apreensão e suspeita. Pior ainda, tratarão esse convite com desconfiança. Quando as pessoas desconfiam umas das outras e dos processos de comunicação e de trabalho em conjunto, a colaboração não tem a menor chance de florescer.

Stephen M.R. Covey em *The Speed of Trust* descreve a confiança como o fundamento da colaboração.

> "*Forbes* destacou essa tendência de 'colaboração como oportunidade' em 2006, apontando o que eles chamam de 'alicerce' da colaboração a confiança. Sem confiança, a colaboração é meramente uma cooperação, e não consegue alcançar os benefícios e as possibilidades disponíveis para os que verdadeiramente colaboram na era do trabalhador do conhecimento." (p. 256)

No livro *Boost Your Confidence with NLP* (2010), Ian McDermott escreveu sobre confiança e liderança:

> "Os líderes mais bem-sucedidos são inevitavelmente colaboradores. Eles sabem que não podem fazer tudo por conta própria. Isso significa que eles precisam trabalhar efetivamente com outras pessoas. Algumas das maiores decisões que você precisará fazer no trabalho – e fazer com confiança – girarão em torno da colaboração.
>
> Em última análise, a colaboração se resume a confiar. Você pode confiar naqueles com quem está trabalhando? Isso levanta uma série de perguntas em muitos níveis lógicos diferentes. Você pode confiar na sua honestidade e integridade (Identidade); no seu julgamento (Crença); no seu nível de habilidade (Capacidade); e você pode confiar que eles agirão adequadamente em circunstâncias específicas (Comportamento e Ambiente)?
>
> Há mais de vinte anos, eu criei uma organização chamada International Teaching Seminars. Ele foi se desenvolvendo e agora é reconhecido como uma empresa de coaching e PNL e a mais bem-sucedida do mundo. Eu tive a visão e eu sou o fundador, mas a razão pela qual a empresa segue firme até hoje é porque há uma equipe cuidando dela. Eu trabalho *com* as pessoas. Elas têm um espírito colaborativo incrível, resguardam umas às outras, argumentam vigorosamente umas com as outras, e comigo! Se eu olhar para a minha própria evolução ao longo desses anos, diria que uma das grandes lições, para mim, não foi apenas delegar mais, mas também confiar mais.
>
> Colaborar com confiança leva a um trabalho *mais inteligente*. Ninguém trabalha em uma bolha; saber como trabalhar em conjunto é uma habilidade que você poderá aplicar a todo trabalho e em todos os locais de trabalho em que você estiver." (pp. 132-133)

5. Uma Cultura de Visão Inspiradora

Outro pré-requisito para que todas essas coisas sejam operacionalizadas em determinada cultura é a presença de uma visão inspiradora. Sem uma visão orientadora que entusiasma, emociona, encanta e cativa a mente e o coração das pessoas, a colaboração não faz sentido. Onde existe tal visão, colaboramos a serviço dela. A visão nos reúne e nos unifica. Nós colaboramos para conseguir algo muito maior e mais ousado do que o que conseguimos sozinhos.

As pessoas querem colaborar e "brincar umas com as outras" quando há um jogo muito maior presente, quando somos parte de algo maior que nós mesmos. Este é um dos papéis centrais de um líder colaborativo, se não for *o papel* mais essencial. É o papel de inspirar as pessoas na visão de um jogo maior.

6. Uma Cultura de Receptividade Aberta aos Outros e às suas Novas Ideias

A abertura mútua é necessária para a confiança, para pensar tipo ganha-ganha, para sobressair-se e assumir riscos e muito mais. Pessoas que estão fechadas e rígidas não são boas colaboradoras, pois criam resistência, mantêm a informação para si e guardam segredos. Todas essas coisas, inevitavelmente, minam a colaboração.

Para colaborar eficazmente você tem que abrir-se a novas ideias e para os outros. Isso requer a adoção de um estilo aberto e receptivo para com o outro. Aqui está, novamente, outro medo e perigo inerente à colaboração. Isso porque a abertura significa tornar-se vulnerável a ser injustiçado, ferido e de tirarem vantagem de você. No entanto, quando uma receptividade aberta se torna a qualidade e a natureza da comunicação, esta última, em si, torna-se mais rica, completa e mais abundante.

Uma receptividade aberta implica no fato de as pessoas também estarem mais abertas a se divertir e serem brincalhonas. Essas também são variáveis da criatividade, do empreendedorismo e da confiança. E quando as coisas são divertidas, lúdicas e emocionantes, as pessoas são mais flexíveis, mais capazes de se adaptar às circunstâncias em mudança.

Outro fator implícito em uma receptividade aberta é a autenticidade. Nós somente somos verdadeiramente abertos uns aos outros e receptivos a trabalhar em conjunto quando estamos dispostos a deixar de lado todos os papéis e máscaras por meio dos quais nos escondemos e quando tomamos a coragem de sair de trás de nós mesmos para sermos reais. Isso não é fácil e não acontece rapidamente. A partir de experiências de sermos confiáveis, começamos a confiar uns nos outros e a tornarmo-nos mais autênticos uns com os outros. Antes de viver isso, resistimos, nos escondemos, nos escondemos atrás de papéis, e não somos plenamente autênticos uns com os outros.

7. Uma Cultura de Responsabilidade e Responsividade

Finalmente, a cultura deve ser tal que exista um forte sentimento de empoderamento. Então, as pessoas se sentirão capazes de serem responsivas e assumirão a responsabilidade. Elas se sentirão empoderados e fortes o suficiente consigo mesmas para serem responsabilizadas pelo que dizem que farão e, na verdade, querem ser responsabilizadas. Sem esse fator presente na cultura, a colaboração não terá sustentação. Não haverá força. Quando aqueles que não fazem o que dizem que farão em determinado momento, e da forma como prometeram, eles não são responsabilizados, a colaboração enfraquece e torna-se insustentável.

Para criar uma cultura que é caracterizada pela responsabilidade, precisamos de feedback sensorial de alta qualidade para todos, dado uns aos outros. Essa é a capacidade de confrontar uns aos outros em relação a tudo o que prejudica a colaboração. Quando temos isso, temos um processo por meio do qual podemos manter a colaboração relevante e atualizada.

Quando as pessoas são responsáveis, elas se abstêm de culpar os outros quando algo dá errado. Elas não culpam outras pessoas ou fatores externos; em vez disso, assumem a responsabilidade por suas próprias ações e respostas. Onde há culpa e, portanto, a falta de apropriação das respostas, as pessoas criam um ambiente negativo que incentiva as pessoas a se calarem e não revelar os problemas em potencial. Assim, os erros e as falhas são receados e temidos, e as pessoas temem ser culpadas.

PARTE II Liderança Colaborativa *103*

Responsabilidade também implica e leva à proatividade, e isso significa ser tenaz. Isso significa ser persistente em seguir com um projeto, lidar com dificuldades e perseverar até alcançar os seus objetivos. Essa atitude "nunca desista" da tenacidade aparece quando alguém recusa-se a deixar a adversidade detê-lo ou destruir seu sonho.

Criando uma Cultura Colaborativa

Obviamente, para se ter uma colaboração altamente eficaz, precisamos de uma cultura de colaboração. Mas, que cultura é essa? Como ela funciona? Como criamos uma cultura de colaboração; uma cultura que facilita a colaboração das pessoas, que as apoia e é organizada para este propósito? Ela é uma disciplina, conforme Howard Gardner escreveu:

> "Desconsiderando-se todo o barulho que se faz sobre a colaboração, ela é uma disciplina. E, com todo o respeito às antigas artes de governar e da diplomacia, a arte mais recente de colaborar representa algo novo, talvez até Copernicano. Se ela tivesse um chip de silício, todos estaríamos entusiasmados."

Aqui estão alguns dos elementos fundamentais e necessários que compõem essa disciplina.

1. Estabeleça o diálogo com todos da organização ou grupo

Estabeleça o diálogo como a forma pela qual a organização ou grupo aprende junto e se comunica. Colaborativamente, discuta sobre sua colaboração. Isso permitirá que você estabeleça uma conversa colaborativa contínua. Então, juntos, vocês poderão colaborar conversacionalmente sobre como atingirão o objetivo compartilhado. À medida que usam o questionamento socrático, vocês poderão aprender juntos, como um grupo, e a cocriar uma visão compartilhada que os estimule. O uso do diálogo permitirá que você crie uma compreensão mútua que, obviamente, é a base para a colaboração. Se você quer que as pessoas se sintam parte de alguma coisa, deve dar voz a eles naquilo. Caso contrário, parecerá que foi imposto a eles sem a sua contribuição.

2. Construa uma cultura de dentro para fora

À medida que você começa a construir o tipo e a qualidade da cultura que apoiará a colaboração autêntica, comece por dentro. Faça isso *sendo o primeiro* líder colaborativo, e convide os outros para a colaboração. Você provavelmente irá querer apresentar e/ou cocriar algumas regras básicas de início – regras básicas que irão configurá-lo para o sucesso na colaboração.

À medida que você cria a cultura de dentro para fora, todas as partes interessadas estão presentes? Quem são as partes interessadas, todas estão envolvidas? Como você chegará a todas as potenciais partes interessadas para que suas vozes sejam incluídas? Como vocês tomarão decisões como grupo? Como vocês irão tomar decisões quando não houver unanimidade ou consenso? Tudo isso é importante, senão você irá configurar as coisas de forma que uma ou algumas partes interessadas possam manter o grupo colaborativo refém dela(s), porque apenas suas vozes estão sendo ouvidas e somente suas demandas estão sendo consideradas.

3. Integrar os princípios colaborativos

Existem princípios de colaboração, princípios tais como operar a partir da abundância, compartilhar, lidar bem com os outros, e até mesmo o de "tenha modos" etc. (ver Apêndice A). Use esses princípios para criar um contexto civil a partir do qual possa gerenciar as diferenças e outros assuntos. O princípio de sinergia é especialmente importante para criar uma comunidade baseada em interações ganha-ganha. Tudo isso precisa ser integrado ao pensamento, à emoção, ao falar, ao comportamento e ao relacionamento das pessoas para que, pelos princípios da colaboração, criemos uma cultura que dê suporte ao trabalho em conjunto, de forma colaborativa.

4. Converse regular e consistentemente sobre a visão

Também é fundamental ter o hábito de conversar sobre a visão de forma contínua. Fazer isso enquadra a visão como importante e a mantém diante do olhar de todos como o princípio operacional do grupo. Por mais óbvio que pareça, é incrivelmente fácil se envolver em todas as exigências do dia a dia, de forma que a sua atenção domine e tumultue suas intenções inspiradoras.

Seus Próximos Passos como Líder Colaborativo

Para que a colaboração surja e floresça, temos que ter o contexto e o ambiente certos – esse é o propósito e significado de *cultura*. E uma vez que a cultura simplesmente se refere a como nós *cultivamos* nossa mente, emoção, fala e comportamento para criar os contextos mentais e emocionais de nossas vidas, se não gostamos da maneira como cultivamos nossas mentes, emoções etc., ou como ela foi cultivada, podemos cultivar um novo estilo. Podemos criar uma nova cultura colaborativa.

Se você está pronto para cultivar um novo ambiente cultural, então vai querer se certificar de facilitar a cultura das sete qualidades que detalhamos neste capítulo. Aqui está um checklist que você pode querer *utilizar* para avaliar-se em uma escala de zero a 10, para determinar o que você quer fazer em seguida para se tornar mais eficaz.

____ Eu tenho uma mentalidade de abundância.

____ Eu creio na abundância e na sinergia da abundância.

____ Eu me envolvo a pensar tipo ganha-ganha regularmente ao interagir com outras pessoas.

____ Eu penso em mim mesmo como empreendedor e me envolvo em atividades empreendedoras.

____ Eu sei confiar e ser confiável.

____ Eu tenho uma visão inspiradora e comunico-a regularmente aos outros.

____ Eu ajo a partir de uma receptividade aberta aos outros e às novas ideias.

____ Eu sou responsivo aos outros e assumo a responsabilidade pelas circunstâncias da minha vida.

* * *
Capítulo 9

ACOLHENDO E INTEGRANDO COM AS DIFERENÇAS

O Desafio Essencial da Colaboração

"Você não pode aprimorar a colaboração até
que tenha abordado o conflito."
L. Michael Hall

"Em última análise, a colaboração se resume ao confiar.
Você pode confiar naqueles com quem você trabalha?"
Ian McDermott

A colaboração surge das diferenças e prospera nas diferenças. Esse tem sido um tema consistente ao longo destas páginas. A colaboração engloba as diferenças para utilizá-las completamente. Diante disso, não é de se admirar que desejemos e precisemos das diferenças. O único tipo de colaboração que é realmente digno deste nome é *a colaboração de diferentes pessoas com diferentes perspectivas, diferentes habilidades, diferentes estilos e formas de fazer as coisas, e diferentes ideias e sugestões, todas trabalhando juntas para um objetivo comum e uma visão mútua .*

Sem haver diferenças, todos estarão pensando, falando e agindo como se fossem clones uns dos outros. No entanto, o propósito da colaboração não é criar clones. Existe algo mais chato do que isso? Existe algo menos produtivo do que isso? Se todos forem iguais, apenas uma pessoa é necessária e todas as outras são redundantes.

"A sabedoria vem de sentar-se e confronter, com sinceridade, suas diferenças, sem a necessidade de mudá-las".

Gregory Bateson

A colaboração, por natureza, é uma sinergia de diferenças. A diferença é o que alimenta a colaboração para ser dinâmica e a fonte de novas ideias criativas. Portanto colaboração, por definição, envolve unir pessoas com diferentes valores, habilidades e entendimentos. É por isso que a colaboração não é um consenso, e porque o consenso é, na verdade, um inimigo da colaboração. Afinal, o *consenso* é um processo que procura eliminar as diferenças, fazendo com que todos concordem sobre algo. Tragicamente, isso normalmente resulta em pedir a todos que abram mão de importantes distinções e valores.

No entanto, colaborar com pessoas que são diferentes de tantas maneiras não é fácil. Se fosse fácil, a colaboração aconteceria com mais frequência, seria bem-sucedida com mais frequência e não seria temida ou evitada, como frequentemente é. Se sinergizar as diferenças fosse fácil, haveria menos conflito, menos briga pelo controle, menos burocracia e menos competições implacáveis.

A colaboração eficaz confronta, desafia e transforma as percepções básicas a respeito dos outros, e ela o faz por meio do reconhecimento do poder da conversa na criação de uma comunidade. As conversas fornecem os meios para a criação de sociedades com base em respeito, tolerância, justiça, responsabilidade e compaixão. Dessa forma, geramos comunidades reais onde há um sentimento de pertencimento, o reconhecimento das diferenças (respeito, cuidado, amor) e a capacidade de aproveitar e desencadear os potenciais humanos para atingirmos nossas aspirações mais elevadas.

Como líder colaborativo, o desafio é como liderar uma colaboração com relação às diferenças. A pergunta é quão habilidoso você é, como líder colaborativo, em receber, acolher, utilizar e sinergizar as diferenças? As habilidades essenciais para habilitar você a liderar uma colaboração são:

1. Aceitar as diferenças.
2. Adotar a linguagem da colaboração.
3. Criar uma estrutura para integrar as diferenças.
4. Lidar eficazmente com os conflitos.

1. Aceitação – O coração da colaboração

A competência central é a aceitação, e isso significa *acolher e respeitar as diferenças* para que possam ser integradas. Isso exige a capacidade de olhar além da superfície das diferenças para aceitar e acolher o fato de que nenhuma pessoa é perfeita, nenhum mapa mental é perfeito e nenhum estilo é perfeito. No entanto, algo mais é necessário. Também precisamos entender que um parceiro colaborativo precisa de múltiplos mapas mentais e estilos diferentes. Os múltiplos mapas mentais das pessoas em uma colaboração nos proporcionam uma perspectiva mais rica e nos permitem unir o que de outra forma seria contraditório.

> "O real papel do líder é descobrir como fazer pessoas e elementos variados trabalharem juntos".
>
> *Warren Bennis*

Acolher as diferenças começa com a aceitação de que, na maioria das situações, podem haver várias versões da "verdade". As diferenças de verdade nos permitem analisar uma situação a partir de múltiplas perspectivas. Isto foi o que Gregory Bateson disse ser a estrutura e essência da sabedoria. Ao olhar para uma coisa ou evento singular de diferentes pontos de vista, cada um contribui, enriquecendo a textura do todo.

Se esse é o desafio essencial da colaboração, onde você está posicionado no desafio colaborativo? Quão fácil ou difícil você consegue aceitar e abraçar as diferenças? Para descobrir, use o Processo de Permissão a seguir.

O Processo de Permissão

Se existe alguma coisa opondo-se, proibindo ou tornando isso um "tabu", de forma que você experimente um "não posso" psicológico, como por exemplo, "Não posso confiar nos outros", "Não consigo suportar as diferenças", "Não consigo suportar críticas ou conflito", então, o processo a seguir pode permitir que você se liberte desses enquadramentos mentais. E são esses enquadramentos mentais que fazem com que você viva em um espaço mental-emocional restrito, não permitindo que você se mova para a área proibida ou transformada em tabú.

1. Verifique sua permissão interna

Fique em silêncio, vá para dentro e diga as afirmações de permissão para si mesmo. "Eu me dou permissão para confiar nos outros, ser vulnerável, ser interdependente com eles" ou qualquer permissão que você precisa. Essa permissão é o oposto da proibição ou tabu que atualmente gera a interferência.

2. Observação Reflexiva

Observe o que acontece. Dê um tempo para isso agir. Repita as palavras. Algo acontecerá. As palavras se encaixam bem dentro de você ou não? Se elas se encaixam bem, então, quantas vezes mais você precisa expressar a permissão até que ela seja totalmente acolhida, abraçada e integrada dentro de você, até que você as sinta como um mapa mental a partir do qual você agora pode operar? Se elas não se encaixam, como você sabe que não se encaixam? Imagens vêm à sua mente? Você fala ou ouve palavras que se referem à permissão? Existe um senso cinestésico dentro do seu corpo que se parece com um bloqueio ou objeção? Em caso afirmativo, então, qual é a objeção? Preste atenção à sua experiência.

3. Lide com as objeções

Se houver uma objeção, ou múltiplas objeções, identifique-as e pronuncie-as com clareza. Qualquer "objeção" que você sente contra a permissão, é uma ideia de algum tipo (uma crença, uma compreensão etc.) que contradiz ou combate a nova ideia que você está permitindo agora. Como você faz, você acredita nelas? Ou são velhos modelos de crenças que vieram de um tempo anterior em sua vida que já não são relevantes? Se houver algum valor nelas, então, qual é o valor? Qual parte da objeção possui legitimidade para você?

4. Refaça a sua Permissão

Extraindo da objeção os valores que ainda são relevantes, crie uma nova permissão que forneça um novo enquadramento de referência (crença, significado). Por exemplo:

"Eu me dou permissão para confiar nas pessoas depois de ter provas de que a pessoa é confiável e faz o que ele(a) diz."

"Eu me dou permissão para aceitar as diferenças porque todo mundo opera a partir de seus próprios mapas mentais."

"Eu me dou permissão para dar boas-vindas e acolher as diferenças acreditando que a paciência, compreensão e o diálogo nos permitirão chegar a um entendimento comum."

5. Repita o processo até chegar à resolução

Continue criando respostas às objeções e novos enquadramentos de permissão até que a permissão comece a se acomodar dentro de você. Quantas vezes você terá que repetir até que comece a se tornar familiar e completamente bem-vinda?

2. Adotando a Linguagem da Colaboração

Uma vez que você tenha integrado em si mesmo a capacidade de aceitar, abraçar e reconhecer as diferenças para que possa colaborar, o próximo passo é começar a aprender a falar a linguagem da colaboração, especialmente quando o assunto são as diferenças. O desafio nisso é que quase todos aprenderam um conjunto diferente de linguagem quando se trata de diferenças, especialmente aquelas que discriminam as pessoas.

Quando discordamos, tendemos a pensar e falar em termos de certo e errado, bom e ruim, inteligente e estúpido, eu e você, nós e eles etc. O pensamento dicotômico, na forma de ou-ou e a personalização negativa da outra pessoa tendem a dominar a nossa percepção.

> "O que há de errado contigo para você pensa desse jeito?" "Qualquer pessoa com o mínimo de inteligência jamais diria isso!"

> "Os gerentes nunca olham para nós, eles só pensam neles mesmos."

Tudo isso é "natural". Todos nós aprendemos essa maneira de pensar quando éramos crianças; portanto, trata-se de um aspecto natural do nosso desenvolvimento. O pensamento dicotômico de ou-ou é um dos estágios inevitáveis do desenvolvimento cognitivo. Todos começamos desda forma, embora alguns tenham permanecido nesse nível de cognição.

Ao aprender a linguagem da colaboração, aqui está uma lista das coisas que você pode fazer:

- Use "nós" em vez de "eu".
- Substitua o "sim, mas..." pelo "sim, e..."
- Elimine o linguajar que insulta ou personaliza as pessoas e use um linguajar mais neutro, sobre os clientes e os comportamentos.
- Desafie o enquadramento "ou-ou" fazendo perguntas de exploração e veja se você pode chegar a um "ambos-e".
- Substitua perguntas e afirmações centradas no problema com perguntas e afirmações centradas na solução. Em vez de perguntar: "Qual é o problema?", pergunte: "Como podemos resolver esse desafio diante de nós?"
- Saia do nível de "assumir posicionamentos" para um metanível. Pergunte-se qual enquadramento une essas duas posições. O que essas duas posições têm em comum?"

Outra mudança linguística que a maioria de nós tem que fazer é ir da diferença (em inglês, *mis-matching*) para a correspondência (*matching*). Quando mapeamos pela diferença o que alguém diz ou oferece, não só começamos com "mas...", o que é óbvio, como também falamos imediatamente sobre o que não foi visto, o que a pessoa não percebeu e como o que foi dito não está certo. Para muitas pessoas, essa é sua lente perceptiva e descreve como elas olham para o mundo.¹ A boa notícia é que estes não são padrões neurológicos fixos. Eles podem ser alterados, substituídos e expandidos. Uma das maneiras de se fazer isso é acolher as perguntas que redirecionam as percepções de alguém e levam a consciência dessa pessoa na direção oposta. Nesse caso, direcionar a pessoa da classificação por diferenças para classificação por semelhanças.

3. Criando uma Estrutura para Integrar as Diferenças

Além da aceitação das diferenças e de mudar a linguagem que se usa para as diferenças, preparar-se completamente para a colaboração facilita as mudanças estruturais que serão necessárias na sua colocação para criar uma colaboração efetiva. Essas mudanças estruturais se relacionam à forma como as pessoas se relacionam entre elas, como as interações ocorrem na organização, quão fácil ou difícilmente as diferenças conflitantes são trazidas à tona e são trabalhadas, para que você possa introuzir o Questionamento Socrático e o diálogo, e/ou para que as pessoas aprendam a nova cultura da colaboração.

Em suas colaborações, o que precisa mudar para você que causará uma mudança estrutural que apoiará o acolhimento das diferenças? A colaboração é recompensada? Ou a competição é recompensada? Você, como líder colaborativo, é o primeiro a compartilhar as informações ou as retém porque "precisa saber"? Existem oportunidades para que as pessoas se socializem e se conheçam pessoalmente? Ou a agenda é tão apertada que não sobre tempo para qualquer tipo de interação social? As más notícias são bem-vindas no grupo? Ou todos ficam pisando em ovos para não acordar o leão?

Isto foi o que Lou Gestner, CEO da IBM, fez. Jack Welch, da GE, fez o mesmo que Gestner fez na IBM. Welch abriu os canais de comunicação em toda a empresa. Ambos queriam ouvir o que todos na organização sabiam, sobre qualquer problema. Ao perceber que a empresa estava focada em si mesma, ele estabeleceu uma nova visão e missão de forma a colocar o foco no cliente. Ambos trabalharam para eliminar o elitismo de dentro da organização e levá-la a um sistema de trabalho em equipe, recompensando as pessoas que ajudassem seus colegas.

4. Gerenciando Conflitos Eficazmente

O conflito é inevitável quando existem pessoas tentando trabalhar juntas, e especialmente quando existem pessoas que reivindicam sua individualidade e diferenças. Enquanto houver diferenças no entendimento da visão, das estratégias e dos métodos, haverá conflitos sobre essas coisas.

Enquanto houver diferenças na personalidade, posições, habilidades, decisões, percepções, valores, estilos de vida etc., haverá conflito. A questão nunca é "Como podemos eliminar o conflito?" A pergunta é: "De que forma podemos ter conflitos que tragam à tona o melhor de todos e que contribuam com a visão comum?". A questão é: "De que forma podemos ter as conversas difíceis que precisamos ter e permanecer unidos, chegando ao entendimento e a acordos do tipo ganha-ganha?" Em outras palavras, "De que forma podemos colaborar, sendo diferentes, e trabalhar as nossas diferenças?".

Para que a colaboração seja bem-sucedida, não só temos de lidar com o conflito de forma construtiva, como também temos que aprender a nos envolver construtivamente em conflitos. Caso contrário, a colaboração irá desmoronar. Poucas pessoas cresceram aprendendo isso. A boa notícia é que isso pode ser aprendido se as pessoas estiverem dispostas a aprender.

Para começar a aprender, precisamos *ver o conflito de diferenças como uma mera parte do processo de colaboração em si*. Quando fizermos isso, então vamos parar de tentar varrer o conflito para debaixo do tapete ou tratá-lo como algo ruim. Ele não é. São apenas dois valores ou pontos de vista distintos que diferem entre si. É só isso. E isso é o que pode energizar a colaboração e enriquecê-la.

De que forma, então, podemos evitar que diferenças conflitantes resultem em em discussão, brigas, acusação, defensividade, pensamento ou-ou, política paroquial e todas as outras coisas divisivas que acontecem quando não lidamos com os conflitos de forma construtiva?

A resposta tem duas etapas. Primeiro precisamos aprender a praticar as habilidades de ter conflitos construtivos. Em segundo lugar, precisamos organizar a maneira como trabalhamos as diferenças, estabelecendo regras básicas eficazes. Então poderemos praticar nossas habilidades nos momentos em que realmente precisamos delas – quando estivermos tendo uma daquelas conversas difíceis.

Em primeiro lugar, as habilidades. As *habilidades* de conflitar construtivamente envolvem *aceitar* emoções fortes e perturbadoras como sendo apenas emoções, e não sinais de que a pessoa é "ruim". A pessoa está apenas emocionada, e isso acontece porque algo é muito significativo para ela. Em partes, isso inclui a habilidade de "neutralizar" – ajudar a pessoa a desativar a energia de suas fortes emoções. Você pode fazer isso deixando a pessoa respirar, deixando sair a intensidade do sentimento.

Você poderia fazer isso procurando primeiro entender e, em seguida, equiparar sua linguagem ao ponto de vista da pessoa para que ela se sinta compreendida. Você poderia fazer isso fazendo com que as pessoas se lembrem que são parceiras e pedindo-lhes que sigam a regra básica de abrandar o julgamento. As habilidades de "neutralização" são projetadas para nos permitir desenredar as emoções que surgem do conflito, para que possamos analisar e compreender uns aos outros, e nossos pontos de vista.

Em seguida vem a habilidade de investigar abertamente o assunto, estudando os significados e pressupostos que cada um de nós está trazendo para a conversa. Nesse ponto, podemos pedir um Metamomento de reflexão para dar um passo atrás e fazer algumas perguntas de "controle de qualidade" em relação à nossa conversa. Ao fazer isso, queremos distinguir a nós mesmos da conversa e modo de pensar que estamos tendo.

> "Eu sou mais do que o meu comportamento verbal, do que minhas palavras, do que as suas palavras, do que a maneira como as coisas são ditas. Estas são apenas palavras e expressões. Eu sou mais do que isso."

> "Ele não é as suas habilidades de comunicação ineficazes, é mais do que isso. Ele é um ser humano que deve ser amado e respeitado."

Depois vêm as regras básicas. O conflito construtivo também envolve um compromisso com as regras básicas, para que possamos "soar o alarme" na presença do tipo de comunicação que piora as coisas. Os estilos de comunicação obviamente disfuncionais que geralmente amplificam o conflito são: acusação, sarcasmo, julgamento, generalização excessiva, elevar a voz, xingamento etc.

Isso é o que chamamos de confrontação construtiva – trazer à tona coisas que são potencialmente desagradáveis, e assuntos que disparam nossos gatilhos, que nos deixam chateados, frustrados, irritados, tristes etc. E devemos fazer isso com respeito e empatia, buscando primeiro entender e compreender totalmente antes de tomar decisões.

Regras Básicas para Gerenciar Conflitos

Quando criamos "regras básicas" para as conversas difíceis, para as reuniões que são necessárias, para resolver problemas em potencial. Essas regras nos fornecem um protocolo, como um acordo escrito, sobre como devemos nos comportar enquanto nos comunicamos e tomamos decisões. Essas regras colaborativas básicas são diretrizes de como iremos trabalhar as diferenças e encontrar soluções do tipo ganha-ganha.

A seguir estão listadas algumas regras básicas que funcionam como diretrizes de como nós devemos trabalhar as diferenças e chegar a decisões do tipo ganha-ganha:

Respeito:

Nós seremos respeitosos, olharemos um para o outro quando estivermos falando e usaremos o tom de voz adequado.

Evitaremos comportamentos que os membros considerem desrespeitosos (por exemplo, virar os olhos, bufar etc.).

Abordaremos um assunto e pessoa de forma direta; sem triangular.

Distinguiremos as pessoa de seus comportamentos; sem personalizar ou atacar a pessoa.

Justiça:

Seremos justos quanto ao tempo de fala de cada um.

Vamos nos revezar para falar, de modo que ninguém domine alguma conversa ou fale por cima do outro.

Vamos equilibrar argumentação e investigação: afirmar e depois perguntar.

Vamos conversar para entendermos uns aos outros.

Vamos estabelecer um enquadramento de relevância juntos e mantê-lo.

Escuta:

Buscaremos primeiro entender e depois ser entendidos.

Ouviremos com o intuito de entender, não de encontrar falhas.

Vamos demonstrar nosso entendimento repetindo para satisfazer a necessidade do outro.

Revelaremos nossas suposições à medida que defendemos nossos pontos de vista.

Abertura:

Estaremos abertos ao ponto de vista e posição de cada pessoa, perguntando e ouvindo cada uma delas.

Nós compartilharemos informações abertamente e não iremos esconder nada uns dos outros.

A nossa comunicação será aberta e tomaremos decisões em conjunto.

Podemos explorar o raciocínio e as suposições uns dos outros.

Estaremos abertos a term nosso próprio raciocínio e suposições explorados. *Confidencialidade:*

Manteremos sigilo das coisas que designarmos como confidenciais.

Os processos/experiências que levam às nossas conclusões ficarão aqui.

Comprometimento e Responsabilidade:

Seremos responsáveis *pelo* nosso compromisso *para com* o outro, a estar presente e a ser leal.

Seremos responsáveis para com o outro *pelo* que prometemos.

Confiança:

Confiaremos que o que dizemos é o que queremos dizer.

Vamos nos permitir ser desafiados pelos outros e/ou fazer perguntas "difíceis".

Nós nos desafiaremos a examinar tanto *o que* estamos dizendo quanto *por que* estamos dizendo algo.

Damos aos outros o direito de nos cobrar quanto ao cumprimento da nossa palavra.

Nós administraremos nossos próprios estados e faremos um intervalo, se for preciso.

Regras Básicas sobre o que nós não iremos fazer:
- Fisicamente, brigar com a outra pessoa (nada de bater ou empurrar).
- Atacar, caçoar, desprezar ou humilhar para projetar nossas emoções negativas nos outros.
- Usar do sarcasmo, desdenhar, ou desprezo.
- Monólogos.
- Falar por cima da outra pessoa.
- Começar a falar imediatamente após o outro terminar de falar. Em vez disso, todos nós iremos respirar e ficar em silêncio por um instante.

Colaboração em um Ambiente Hostil

Isso funciona quando há um ambiente hostil? Isso funcionaria em um ambiente altamente carregado politicamente, como Washington DC em tempos de política partidária? Por incrível que pareça, funcionou durante a presidência de Ronald Regan, e do igualmente poderoso presidente da câmara, Tip O'Neill. Chris Matthews conta em seu livro, a história *Tip and the Gipper: When Politics Worked* (2013).

Durante a eleição de Ronald Reagan para presidente dos Estados Unidos, em 1980, os democratas perderam a Casa Branca e o Senado, mas mantiveram a Câmara dos Representantes. O presidente da Câmara, naquela época, era Thomas P. "Tip" O'Neill, o oponente-chave de Reagan em Washington. Eles discutiam a respeito dos principais problemas do dia – bem-estar, impostos, operações militares encobertas e segurança social –, e, surpreendentemente foram capazes de entrar em acordo e colaborar. Como isso foi possível?

Como esses dois líderes em grupos políticos opostos conseguiram ir além dos desentendimentos, além até da política paroquial, e colaborar de forma que pudessem trabalhar juntos de forma produtiva? Eles não eram apenas líderes, mas também líderes colaborativos. Eles eram afáveis, práticos e encantadores à sua própria maneira, e cada um se comprometeu a manter aberto o canal de comunicação entre a Casa Branca e o escritório do presidente.

Ambos foram capazes de reconhecer os objetivos comuns deles. Por exemplo, ambos precisavam garantir a saúde do Seguro Social (2013, p. 245), então eles se engajaram em um processo de "dar e receber" para tornar isso possível. Ambos sabiam e valorizavam o que era para o bem do país: "trabalhar ao serviço do país" (p.251), embora a rivalidade fosse, por vezes, feroz. Um dos motivos que os impulsionou, foi melhor expresso por um frase que ficava sobre a mesa de Reagan:

> "Não há limite para o bem que você pode fazer, desde que não se importe sobre quem levará o crédito." (2013, p. 339)

E como eles fizeram para construir e manter o relacionamento colaborativo? Juntos, eles desenvolveram um método que se tornou rotina/ritual para manterem contato um com o outro, e esse ritual eventualmente permitiu que eles se tornassem amigos. O relacionamento era conduzido por uma atitude e compromisso: "Ambos se focaram na criação de um relacionamento para que pudessem negociar" (p. 36). Depois, houve o ritual. Tip O'Neill apresentou a Reagan a ideia de "depois das seis".

> "Apesar dos desentendimentos, depois das seis horas da tarde e nos finais de semana, éramos amigos." (p. 37)

Isso permitiu que ambos fossem conciliadores ao partido de oposição. Matthews comentou que O'Neill "repudiou o obstrucionismo". "Nós cooperaremos em todos os sentidos" (p. 30).

Quando a retórica tornou-se demais, por exemplo, quando Reagan respondeu uma vez a críticas injustas de O'Neill e disse que era "pura demagogia" (p.138), ele se desculpou no dia seguinte. Isso protegeu o relacionamento e reafirmou para ambos que, "antes das seis é política" (p. 142), mas depois das seis não.

Embora os dois fossem homens de convicção, e cada um deles incorporasse a filosofia de seu partido (p. 247), eles foram capazes de criar uma cooperação bipartidária. Fizeram isso estabelecendo e seguindo suas regras básicas de conflito, e ambos respeitaram essas regras.

1. *Dar e receber*: Tip disse: "Ambos os lados têm que dar um pouco" (p. 244). E Reagan, no final, estava "disposto a permitir uma brecha em seu *firewall* de imposto zero" para esse propósito.

2. *Respeito*: Ambos operavam a partir do respeito ao outro e pelo sistema político e preferiam seguir as regras.

3. *Diálogo sempre*: ambos se comprometeram a manter o laço da comunicação. "Sempre estar disponível ao diálogo".

4. *Mentalidade ganha-ganha*. "Nenhum deles agiu como um garoto malcriado", ambos acreditavam em manter o processo em andamento. Eles não jogaram um jogo de soma zero (p. 368).

5. *Apoio*: "Cada um fez o outro parecer maior e mais forte".

Na despedida de Thomas O'Neill, Reagan falou diretamente com ele sobre o relacionamento deles:

> "Sr. Orador, agradeço que me tenha permitido no passado, e espero, no futuro, essa honra singular, a honra de chamá-lo de meu amigo. Eu acho que a nossa amizade serve de testemunho para o sistema político do qual fazemos parte e do país em que vivemos, um país que permite que dois irlandeses não tão tímidos e não tão jovens consigam resolver suas questões em vez de jogar para cima dos outros ou de seus compatriotas." (pp. 340-341)

A isso, Thomas respondeu:

> "Sr. Presidente, temos filosofias diferentes, mas quero dizer o quanto admiro sua habilidade, seu talento, a maneira como lida com o povo americano, o amor que o povo americano tem por você e sua liderança, apesar de eu me opor a isso... Eu penso em seu charme, seu humor, sua inteligência. Você é um belo indivíduo, Sr. Presidente. Obrigado por estar aqui." (p. 341)

Seus Próximos Passos como Líder Colaborativo

Este passo é desafiador, porque geralmente tememos as diferenças, as odiamos, nos sentimos frustrados com elas e então entramos em conflito com as diferenças. Nós não aceitamos, damos boas-vindas e as integramos. No entanto, esse é um requisito essencial se quisermos realmente colaborar. A chave para isso é reformular a diferença para que não seja vista como um problema, mas sim como um recurso. Então, você está pronto para colaborar nisso? Abaixo está sua lista de partes interessadas. Atribua uma nota de 0 a 10 em relação a onde você está.

___ Eu identifiquei meus enquadramentos atuais sobre diferenças.

___ Eu reformulei todos os enquadramentos antigos que interferiam na minha aceitação, acolhimento e integração das diferenças.

___ Eu alterei minha linguagem para que meu lingajar apoie as diferenças.

___ Eu alterei as estruturas ambientais da minha vida para que elas também apoiem a integração das diferenças.

Nota do Fim do Capítulo

[1] Os metaprogramas em PNL são lentes perceptivas, semelhantes à percepção de que "o copo está meio cheio ou meio vazio" do otimismo / pessimismo.

* * *

Capítulo 10

INTEGRANDO
EU (SELF) E OUTROS

Os Quadrantes da Colaboração

"Líderes focados em ver os problemas serem resolvidos
em vez de que sua solução seja adotada são fundamentais
para o sucesso de qualquer esforço colaborativo."
David D. Chrislip

A próxima competência básica para a colaboração é a de *combinar o foco duplo, em si e nos outros, para que você possa criar um foco único que una ambos, simultaneamente.* Isso representa um aspecto dinâmico importante na colaboração e resulta em uma sinergia surpreendente, que surge da conexão de um foco que é tipicamente dicotomizado, assim: *ou* você foca em você mesmo e em fazer algo sozinho *ou* foca em fazer com que os outros façam algo.

Uma colaboração eficaz e duradoura, no entanto, resulta de uma sinergia proveniente de duas competências de alto nível – cuidado e foco, tanto em si mesmo quanto nos outros. Aqui reside um paradoxo: o melhor tipo de colaboração *não* vem da submissão passiva a outra pessoa, e nem de se liderar o caminho sem referência ao seu relacionamento com os outros. A colaboração de alto nível requer tanto um forte senso de si mesmo quanto um forte senso de trabalho em equipe.

Nós abordamos isso no capítulo sobre as barreiras à colaboração (capítulo sete), quando introduzimos os eixos "eu" e "outros". Esses eixos operam a partir de dois focos: primeiro, o eixo "eu" e depois o eixo "outros". Aqui, vamos abordar detalhes mais específicos sobre esses eixos e como a sinergia deles possibilita a sinergia necessária para a colaboração.

Eixo I: Eu – A Independência de Seguir Sozinho

Neste eixo, o foco está em no *eu* (self), sobre como você se experiencia a si mesmo e suas habilidades de fazer algo por conta própria. A escala deste eixo vai da carência e dependência, de não conhecer a si mesmo e de ser incapaz de se virar sozinho, até ser totalmente independente, autoconsciente, com a força do ego necessária para se virar sozinho.

Dependente	**Eu**	Independente
*		*
Carente, Inconsciente		Autoconsciente
Duvidando de si		Força de Ego

Na extrema esquerda do eixo "*eu*" há pouco ou nenhum desenvolvimento como pessoa e pouca capacidade de colaboração, uma vez que a pessoa é carente, cega em relação a si mesma e, portanto, incapaz de contribuir muito, senão absolutamente. Na extrema direita do *Eixo Eu* a pessoa experiencia a si mesma como plenamente desenvolvida, como indivíduo. Você sabe *quem* você é, o que você quer, como lidar com as situações e até mesmo dominar suas necessidades e desejos. Isso representa um alto nível de desenvolvimento pessoal e a força de ego necessária para enfrentar os desafios da vida. Tudo isso permite que você seja uma *pessoa independente*. Isso dá a você uma forte base para a sua colaboração.

Eixo II: Outros – A Interdependência de Trabalhar em Equipe

Este eixo se concentra nos outros e nas habilidades relacionadas a como uma pessoa se relaciona com outros. A escala deste eixo abrange desde ser insociável e inconsciente dos outros, até ser plenamente consciente, atento, validando e cuidados dos outros.

Insociável	**Outros**	Alta Inteligência Social
*		*
Inconsciente dos outros		Aprecia os Talentos
Indiferente, Duvida dos outros		Reconhece,
Desconfia dos outros		Confia nos outros

Na extrema esquerda, a pessoa não consegue se conectar com as demais. Ela é incapaz de lidar com os outros, preocupar-se com os outros, ou até mesmo usar muita energia para dar atenção ou perceber os outros. A extrema direita do Eixo Outros descreve a capacidade de dar atenção, preocupar-se e fazer alusão aos outros. Isso indica um alto nível de empatia, a inteligência social necessária para se tomar uma "segunda posição" e apoiar os outros. A extrema esquerda desta escala descreve a falta dessas qualidades e habilidades. Portanto, essa pessoa não pode colaborar devido à falta de saber como se relacionar efetivamente com os outros.

De Eixos Separados à Sinergia dos Eixos

A combinação das formas mais elevadas desses dois pontos de convergência ou conjuntos de habilidades nos levam ao Quadrante Quatro, onde encontramos as melhores formas de colaboração.

Dado que, ao longo *do Eixo Eu*, o foco está em si mesmo, ao fazer as coisas sozinho, querendo ganhar por si mesmo. Para entender, comece no final e se vá subindo, o que se segue descreve o processo de desenvolvimento ao longo desse eixo:

Subdesenvolvido: a pessoa não conhece a si mesma, não desenvolveu suas habilidades.

Conhece a si mesma: a pessoa conhece seus talentos, potenciais e estilo.

Aceita-se: a pessoa desenvolveu consciência e aceitação de suas forças e fraquezas.

Aprecia a si mesma: a pessoa identificou e desenvolveu os seus pontos fortes e se focou neles com apreciação.

Confia em si mesma: a pessoa tem experiência em aprender e desenvolver habilidades para saber no que ela pode e não pode confiar.

----- A linha da força de ego: a pessoa tem um eu forte o suficiente para abrir mão do seu eu. Ter força de ego é ter força interna em si mesma para enfrentar e lidar com os desafios que a vida apresenta. Sem força de ego, a pessoa desmonta ou desmorona e não é capaz de enfrentar ou lidar com a realidade.

Dado que *no Eixo Outros* você se concentra nos outros, em relação ao que eles estão fazendo, em como eles estão fazendo as coisas e em como realizar as coisas por meio de outras pessoas, o conteúdo a seguir descreve o processo de desenvolvimento e as distinções presentes ao longo deste eixo.

Subdesenvolvido: a pessoa não desenvolveu habilidades sociais, inteligência social e inteligência emocional.

Conhece os outros: a pessoa desenvolveu o entendimento de que os outros operam a partir de suas necessidades, mapas e motivações e são únicas, diferentes de si mesmas.

Aceita os outros: a pessoa aprendeu a ser tolerante e a aceitar os outros, e primeiro procura entender os outros.

Aprecia os outros: a pessoa é capaz de ver, reconhecer o ponto forte dos outros, a valorizar as coisas que são importantes e especiais para o outro.

Confia nos outros: a pessoa desenvolveu a habilidade de confiar na palavra das pessoas, elas começam confiando, em vez de começar com suspeita e desconfiança.

– *Linha da Força de Ego*: A pessoa é capaz de enfrentar irritações, aborrecimentos e as diferenças das outras pessoas com graça e compreensão, na maioria das vezes.

O Quadrante Quatro combina um senso altamente desenvolvido de "eu" e um senso altamente desenvolvido de relação com os outros. A partir dessa sinergia, temos o seguinte:

Doa-se: a pessoa desenvolve capacidade de investir a si mesma em benefício dos outros.

Partilha a si mesma: a pessoa pode se abrir, se expor, ser vulnerável.

Complementa: a pessoa consegue se ambientar, calibrar, ajusta-se aos outros e consegue ser um membro de equipe. Ela pergunta: "Como eu posso complementar você?"

Dá aos outros: a pessoa é capaz de compartilhar, contribuir e investir a si mesma nos outros.

Partilha com outros: a pessoa é capaz de "jogar bem com os outros" e ser um bom membro de equipe.

Testando sua Sinergia de Colaboração

Onde você se encaixaria nos dois eixos? Para descobrir onde você está nos Quadrantes da Colaboração, leia cada frase e atribua um número a cada uma das perguntas seguintes. Dê uma nota de 0 (baixo) a 10 (alto).

Eixo do **Eu / Sozinho:**

___ 1. Eu me conheço bem.

___ 2. Desenvolvi minhas habilidades até um alto nível.

___ 3. Conheço os pontos fortes dos meus talentos, potenciais e estilo.

___ 4. Conheço e aceito minhas fraquezas.

___ 5. Aprecio a mim mesmo e os meus pontos fortes.

___ 6. Foquei-me, com apreciação, em meus pontos fortes e os desenvolvi tão completamente quanto eu posso.

___ 7. Eu confio em mim mesmo e sei no que posso no que não posso confiar em mim mesmo.

___ 8. Tenho força de ego suficiente e um senso de "eu" forte o suficiente para abrir mão do meu ego.

___ 9. Tenho força interior suficiente em mim para enfrentar e lidar com os desafios da vida.

___ 10. Posso me doar e investir a mim mesmo para benefício dos outros.

___ 11. Posso compartilhar de mim mesmo, me abrindo, me expondo e sendo vulnerável.

___ 12. Posso complementar os outros, me encaixar, calibrar e me ajustar aos outros.

___ 13. Eu sou um bom membro de equipe.

___ 14. Os outros me descrevem como um membro de equipe.

Eixo Outros:

___ 1. Desenvolvi minhas habilidades sociais, inteligência social e inteligência emocional.

___ 2. Eu sei e compreendo que os outros operam a partir de suas necessidades, mapas e motivações.

___ 3. Aceito os outros, agindo com tolerância, aceitação e busco primeiro compreender.

___ 4. Aprecio os outros e prontamente percebo e reconheço seus pontos fortes e talentos.

___ 5. Posso ver, identificar e reconhecer os pontos fortes dos outros.

___ 6. Eu confio nos outros, confio na palavra das pessoas e começo confiando, ao invés de ter suspeita e desconfiança primeiro.

___ 7. Tenho a força de ego para enfrentar irritações, aborrecimentos e as diferenças dos outros, com graça e compreensão.

___ 8. Eu dôo aos outros à medida que compartilho, contribuo e invisto a mim mesmo nos outros.

___ 9. Eu compartilho de mim mesmo com os outros.

___ 10. Sou capaz de "jogar bem com os outros" e ser um bom membro de equipe.

___ 11. Eu complemento os outros, me encaixando para gerar sinergia.

Perguntas Adicionais para Investigar Seu Quociente de Colaboração (Q.C.)

As perguntas seguintes lhe permitirão aprofundar-se na sua autoavaliação quanto à sua propensão à liderança colaborativa. Estas perguntas servem para você refletir sobre seus pontos fortes e sobre qual é o seu padrão. Não existem respostas "certas" ou "erradas". Nós as colocamos aqui apenas para sua autodescoberta pessoal e autoconsciência.

No *Eixo do Eu:*

1. Quem sou eu nisso? Como eu experimento a mim mesmo como um indivíduo colaborador?

    ___% Orientado à Individualidade.

2. Quais talentos, dons, conhecimentos e habilidades eu possuo para poder contribuir?

    _____
    _____
    _____

3. Qual é a minha melhor contribuição?

    _____
    _____
    _____

4. Quanto eu sei que posso entregar ao contribuir com o meu melhor?

    ___ %

5. O que eu estou disposto a doar?

    _____
    _____
    _____

6. Quão bem eu sei o que posso contribuir que irá complementar suas habilidades?

   ___ %

Eixo de Outros / Juntos:

1. Quem são os outros nisso? Qual a minha forma de pensar sobre os outros em um esforço colaborativo?

   ___ Eles são orientados à individualidade.

   ___ Eles são orientados como membros de equipe.

2. Que talentos, dons, conhecimentos e habilidades os outros têm?

   _____

   _____

   _____

3. Quão convencido você está de que outros possam entregar o que eles têm para oferecer?

   ___ %

4. O que os outros estão dispostos a doar?

   _____

   _____

5. De que forma os outros podem me complementar?

   _____

   _____

6. Como os outros podem me ajudar e/ou a nós no esforço colaborativo?

   _____

   _____

   _____

Revisitando as Barreiras da Colaboração

Provavelmente haveria uma colaboração muito mais saudável e eficaz se não fosse pelas barreiras que nos impedem de colaborar. Estas são as interferências que impedem as pessoas de usar a colaboração como sua maneira de liderar, resolver problemas e criar estruturas organizacionais. Como revisão, estas são as principais barreiras de cada eixo.

No *Eixo do Eu:*

___ Individualismo: preferir fazer você mesmo

___ Inveja: desconfiança

___ Medo dos outros ganharem à minha custa, recebendo mais atenção

___ Egotismo: eu quero fazer as coisas do meu jeito

___ Arrogância: eu sei mais, sou mais esperto do que outros

___ Autoabsorvido em meus próprios interesses

___ Interesses escusos: mantém segredos, age por debaixo dos panos

___ Possessivo: guarda para si, mentalidade de feudos, silos

___ Escassez: não há o suficiente para todos

___ Sente-se como uma estrela solitária

___ Fome de poder

___ Defensivo: personaliza comentários e críticas

No *Eixo Outros*:

___ Vagabundo social, irresponsável, caronista, não aceita ter responsabilidades.

___ Codependente (precisa que os outros o resgatem)

___ Intolerante aos outros

___ Não responsivo às necessidades e tempo dos outros

___ "Borboletas" que flutuam de um lugar para outro, tagarelas

___ Viés de Status Quo

___ Hábito, conforto, familiaridade.

___ Aversão à perda: superestimar o que temos ou possuímos, de modo que as perdas sejam maiores do que os ganhos.

Os Papéis de um Líder Colaborativo

Não existe um papel único para um líder colaborativo, mas sim vários. Para funcionar de forma eficaz como um líder colaborativo, o que é necessário é a capacidade e flexibilidade de desempenhar diversos papéis. Isso inclui o papel de convocador, de líder colaborativo, de contribuinte na colaboração, de defensor da sua voz e posicionamento e de facilitador (veja o diagrama *Collaborative Leadership Roles*). (Figura 7)

O primeiro papel é o papel de *Convocador,* de quando você propõe a colaboração e requisita isso das pessoas (capítulo 9, O Convite). Se você não é o organizador original ou sequer o convocador-chave, ainda assim poderá desempenhar esse papel até certo ponto. Em seguida, vem o *Líder Colaborativo,* sendo uma ou mais das pessoas que definiram a visão e a direção. A partir deste papel, é preciso ter a capacidade e a flexibilidade para se mover para o *Advogado* para que, dentro da equipe, sua voz, como um membro da equipe, seja ouvida no grupo, como alguém que pode defender um posicionamento, perspectiva ou direção que seja importante para si.

Outro papel é o de *Colaborador* – ser um dos colaboradores, ou seja, como um dos membros do grupo. Sem isso, você não terá sentido na pele a realidade do grupo e as pessoas vão pensar: "Quem é você? O que você está buscando?". O próximo papel é o de *Facilitador* do grupo. Neste papel, de tempos em tempos você dá um passo atrás e permite que os outros sejam ouvidos à medida que você facilita a conversação, a resolução de conflitos ou o engajamento em uma das tarefas do grupo.

Isso significa que, como líder colaborativo, você não tem apenas um papel na colaboração, mas sim vários. Se você passar muito tempo em uma função, negligenciando as outras, isso irá limitar a sua capacidade como líder colaborativo. Se você ficar preso em um ou dois papéis, isso irá prejudicar a qualidade da colaboração. Parte da habilidade necessária para se mover por entre essas funções é estabelecer limites claros para que você tenha consciência de onde você está em um determinado momento.

Eixos da Colaboração

Eu / Sozinho

Independência	Colaborativo
Não colaborativo Independência	Dependência

Outros / Juntos

Seus Próximos Passos Como Líder Colaborativo

Se a colaboração é uma sinergia entre seguir sozinho e conectar-se com outros, os Quadrantes da Colaboração permitem que você identifique suas habilidades, atitudes e práticas colaborativas. Esses quadrantes também destacam que a colaboração é uma habilidade relacional de alto nível e requer, portanto, um alto nível de inteligência emocional e social. A partir da suas reflexões, o que a sua autoavaliação neste capítulo sugere que você faça ou trabalhe para que você expanda sua compreensão e suas competências como líder colaborativo?

Figura 7

Eu / Sozinho

Confia

Aprecia

Aceita

Conhece

Subdesenvolvido

Inconsciente de

De mim:
Dar —
Compartilhar —
Complementar

Do outro:
Compartilhar
— Complementar

Outros / Juntos

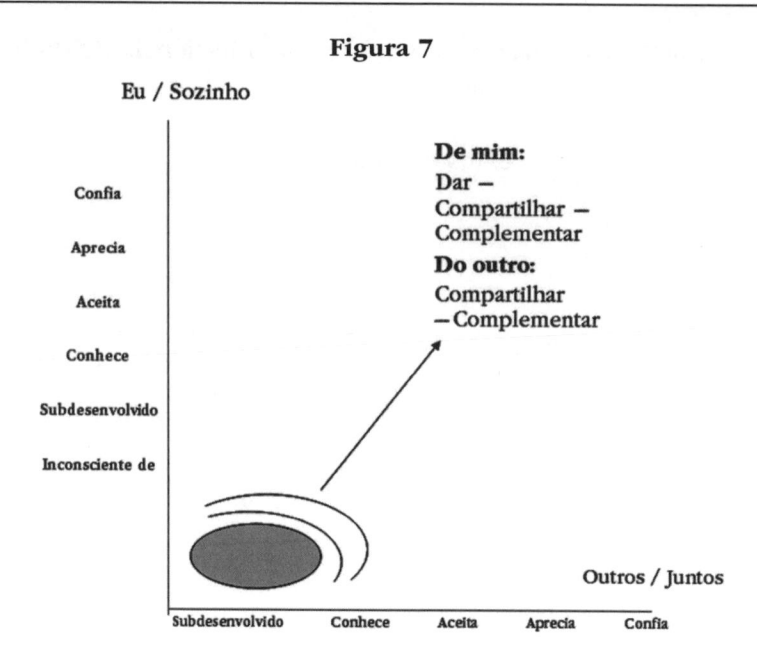

Subdesenvolvido   Conhece   Aceita   Aprecia   Confia

* * *

Capítulo 11

CRENÇAS COLABORATIVAS

"Use a palavra "nós" quando estiver se referindo à sua empresa. Nunca use "eu" e "mim". Isso soa egoísta."
Michael Bloomberg, CEO da Bloomberg LP

"O objetivo de se ter uma organização é o de aproveitar a eficiência coletiva resultante do trabalho em conjunto... A colaboração provém de muitos tons de vontade, compromisso, eficiência e eficácia." (pp. 1, 70)
David Clutterbuck, Coaching the Team at Work

Para colaborar, você precisa acreditar. Tentar colaborar com os outros sem realmente, de forma verdadeira e profunda, acreditar na colaboração, no poder da colaboração, no valor de unir forças com os outros, não só é uma contradição como é incongruente. Além disso, cria uma limitação, que transparecerá de diversas maneiras. Tendo isso como base, suas crenças são robustas o suficiente para possibilitar que você seja um líder colaborativo?

Suas Crenças Colaborativas

A probabilidade de que você acredita, pelo menos em algum grau, na colaboração, é muito elevada, se você leu até esse ponto. Portanto, este não é o lugar para se defender a crença ou até mesmo apresentar informações de dados que apoiem sua crença na colaboração. Em vez disso, queremos nos concentrar, aqui, no conteúdo e na qualidade de suas crenças. Queremos ajudá-lo a estabelecer uma crença sólida que pode resistir às ideias e às experiências que podem prejudicar suas crenças sobre colaboração.

O que é fascinante sobre as crenças é que elas operam como profecias autorrealizáveis. *O que você acredita* sobre as pessoas, trabalhando sozinho, trabalhando juntas, unindo recursos, escassez, abundância, natureza humana e assim por diante, inevitavelmente desempenha um fator significativo na sua capacidade de ser um líder colaborativo. Na linguagem de sistemas, as crenças são processos auto-organizáveis; eles organizam todas as suas faculdades mentais a serviço da crença. Isso é verdadeiro para as suas crenças sobre colaboração

Mas o que é uma "Crença", Afinal?

Em muitos assuntos, muitas vezes nós começamos a falar, e até a debater sobre o nosso posicionamento sem definir, claramente, *do que* estamos falando. Para evitar isso, começamos com uma definição de crença. Para algumas pessoas, o termo nos suscita pensar em crenças religiosas. *Não é isso* o que queremos dizer com o termo.

Uma crença é o que você considera verdadeiro e, portanto, real. Quando acredita em algo, você geralmente tem um forte senso de convicção sobre isso. Você sente fortemente, e talvez profundamente, que isso é verdade e que pode confiar nisso.

- Você acredita que pode liderar?
- Você acredita que tem talentos e dons que você pode transformar em habilidades valiosas?
- Você acredita que aprender é importante e que você pode melhorar a qualidade da sua vida por meio do aprendizado?

"Então, uma crença é um pensamento?" Bem, não. É muito mais do que um pensamento. Você pode *pensar* certas coisas e não acreditar nelas, não pode? A vida seria terrível, ameaçadora e perigosa se você *acreditasse* em tudo o que *pensasse*. Mas, graças a Deus, você pode ler o jornal, ou assistir às novidades, conversar com um amigo e *pensar* no que leu, no que foi dito ou apresentado e, *ainda assim, não acreditar no que viu ou ouviu*. Logo, apesar das crenças serem feitas de pensamentos, elas são mais do que um pensamento.

Na PNL, dizemos que os *pensamentos*, como aquilo que *representamos* em nossas mentes para entender o que é dito ou apresentado, operam como *sinais* para o nosso sistema mente-e-corpo. Desta forma, um pensamento pode ser incômodo, e até mesmo perturbador. No entanto, se é somente um pensamento, e você não acredita nele, ele não causará nenhum dano semântico em você. Por outro lado, se você acredita em algo, então essa crença se torna muito, mas muito mais do que um sinal para seu sistema mente-e-corpo; ela se torna "um comando para o sistema nervoso". É assim que Richard Bandler descreve uma crença em *Using Your Brain for a Change* (1985). E isso nos fornece outra maneira de descrever como uma crença funciona enquanto um atrator auto-organizável.

Uma crença age atraindo para si (para a pessoa que acredita) as mesmas coisas que a crença postula como sendo verdadeiras. Ela organiza a pessoa de modo que a maneira como esta percebe, sente, fala, age, se relaciona, tudo torna-se uma expressão da crença. Se uma pessoa acredita: "Nada vai funcionar, que o esforço e o trabalho duro são um desperdício, que uma visão pessimista da vida e das pessoas é verdadeira", então você pode imaginar como essa pessoa irá agir, sentir, conversar, se relacionar etc.

É nesse sentido que as crenças nos organizam, nos fazem ter expectativas e receber aquilo em que acreditamos. Como um comando para a neurologia, todo o sistema mente-corpo é projetado para realizar (ou tentar) o que quer que acreditemos. É assim que criamos, e somos limitados, e até sabotados, por *crenças limitantes*. No entanto, como todas as crenças são criações humanas, e como nenhum de nós nasce tendo crenças, nós as criamos e desenvolvemos a partir do que ouvimos, lemos e vivenciamos – portanto, podemos mudá-las. Podemos transformar crenças limitantes em crenças empoderadoras.

Uma crença é composta por dois tipos de pensamentos, cada um em um nível lógico diferente. Primeiro, há uma ideia ou pensamento sobre algo. "Aprender é bom". "A colaboração une as pessoas e lhes permite se concentrar em grandes objetivos". Então, o segundo pensamento é *sobre* o primeiro. O segundo pensamento enquadra o primeiro: "Isso é verdade". "Isso é real." Ao validar ou confirmar o primeiro pensamento, o segundo, um pensamento de confirmação, classifica o primeiro e o coloca na categoria de "coisas reais e verdadeiras". Assim, faz com que ele seja uma "crença".[1]

Agora, vamos fazer uma exploração de suas crenças. Isso é para sua própria autodescoberta e tomada de consciência. No conjunto de declarações de crença a seguir, algumas acolhem a colaboração, outras criam barreiras à colaboração. Uma ou mais crenças podem estar em seu caminho para que você se torne o líder colaborativo que deseja.

Avaliação das Crenças sobre Colaboração

Aqui está um conjunto de crenças divididas em diferentes categorias: crenças sobre os outros, crenças sobre você mesmo, crenças sobre colaboração. Leia cada declaração e assinale de 0 (baixo) a 10 (alto) o quanto você concorda com a afirmação. Dessa forma, você pode se tornar mais consciente sobre os quadros da mente que governam seu estilo de liderança como líder colaborativo.

Crenças sobre os outros

___ 1. Nenhum de nós é mais inteligente do que todos nós juntos.

___ 2. Podemos fazer mais em conjunto do que sozinhos ou separados.

___ 3. As pessoas querem fazer parte de uma equipe vencedora.

___ 4. O outros podem me (ou nos) ajudar a crescer, cobrindo meus pontos cegos.

___ 5. Há o bastante para todos.

___ 6. Nós colaboramos melhor quando criamos acordos do tipo ganha-ganha.

___ 7. Podemos tornar nossa associação sinérgica.

___ 8. Cuidar dos outros nos ajuda a crescer acima de nós mesmos.

___ 9. Eu posso aprender com os outros, com qualquer um. Qualquer pessoa pode me ensinar algo.

___ 10. As diferenças dos outros podem me livrar de "dormir" na minha zona de conforto e me ajudar a sair de uma cultura insular.

___ 11. O status não determina o valor de uma pessoa; pessoas de status baixo são plenamente dignas de mim.

___ 12. É importante se preocupar e procurar ajudar os outros.

___ 13. É importante apoiar os outros e contribuir com o bem maior do grupo.

Crenças sobre "Eu mesmo" (Self)

___ 1. Eu posso crescer ao fazer parte de um grupo ou equipe.

___ 2. É preciso ter muita independência para ser interdependente de forma saudável.

___ 3. Ser independente significa cuidar de si mesmo primeiro, e então eu terei algo a contribuir para com os outros.

___ 4. Eu posso e irei criar acordos do tipo ganha-ganha.

___ 5. Conheço os meus pontos fortes e pontos fracos.

___ 6. Eu temo que, se eu colaborar, vou perder a minha peculiaridade e não irei me destacar.

Crenças sobre Colaboração

___ 1. O objetivo da colaboração não é somente colaborar, mas atingir resultados melhores.

___ 2. A colaboração pode resultar em muitos benefícios: inovação, resultados melhores, vendas, operações, antecipar a identificação de problemas.

___ 3. Nem sempre é bom colaborar; colabore com aqueles que podem e querem colaborar.

___ 4. A colaboração pode gerar vantagens para ambas as partes.

___ 5. O que importa é obter as melhores ideias, independentemente de onde elas vierem.

___ 6. Acolher todas as ideias requer que sejamos objetivos ao comparar as melhores ideias que várias pessoas propõem.

___ 7. Minhas ideias não são "minhas", elas são apenas ideias.

___ 8) Podemos ir para além dos últimos lançamentos e criar ideias ainda melhores.

___ 9. Não existe "nível gerencial" que possua privilégios especiais em relação a ideias criativas.

___ 10. Às vezes eu tenho que dar algo para conseguir algo ainda mais importante.

___ 11. Nas organizações, temos que ter uma política e cultura sólidas para que a colaboração funcione.

___ 12. A colaboração não pode ser forçada, as pessoas devem estar dispostas a colaborar.

___ 13. A colaboração deve funcionar para todos, ela deve chegar a acordos ganha-ganha para todos, se for para durar.

___ 14. Para que uma colaboração seja bem-sucedida, temos que dimensionar corretamente o problema e a solução em que queremos colaborar.

Mudança de Crença

Se você encontrou uma ou mais crenças limitantes por meio dessas questões, o que fazer, então? Como é o processo de mudança de uma crença? Se uma crença é criada pela validação de um pensamento, de forma que aquele de nível superior define o enquadramento sobre o primeiro, então, desfazer isso, significa desvalidar.[1]

O jeito comum de se mudar uma crença é argumentar contra ela. No entanto, todos sabemos o quanto isso é ineficaz. De fato, argumentar com uma crença não só não funciona, como tipicamente piora as coisas – e até fortalece a crença. Atacar a crença tende a evocar na pessoa a defesa da sua validade. No final das contas, isso fortalece o enquadramento de confirmação.

A solução não é focar no fato da crença ser "verdadeira" ou não. A solução é focar em sua *ecologia*: isso funciona? Isso trás melhorias? Isso torna a sua vida melhor? Isso empodera a pessoa? Isso reflete os valores mais elevados da pessoa? Fazer essas perguntas e obter uma resposta "não" começa a minar (ou desenquadrar) o valor da crença. Isso convida a uma desconfirmação da utilidade da crença.

Podemos então perguntar: "O que você preferiria acreditar sobre esse assunto? Que crença seria a mais empoderadora, possibilitadora e de orientação positiva que você poderia imaginar?". Isso possibilita que a pessoa crie uma crença sobre o assunto – uma maneira de pensar sobre algo que disponibilizaria mais recursos e organizaria o modo de agir da pessoa, de forma que tenha melhores chances de ser bem-sucedida. Durante um processo de mudança de crença, podemos fazer uma pergunta de teste: "Você acredita nisso?" Se sim, continue confirmando o valor da crença. Caso contrário, pergunte: "Você gostaria de acreditar? Isso traria à tona o melhor em você? Isso lhe dará melhores chances de operar eficazmente nesta área? Outros humanos acreditam nisso?" Ao provocar uma resposta "sim", essas perguntas possibilitam que uma pessoa comece a confirmar a ecologia da nova crença.

Seus Próximos Passos como Líder Colaborativo

Que crenças você precisa mudar ou refinar para que possa se tornar um líder ainda mais colaborativo? Acreditar na colaboração é fundamental para se tornar um líder colaborativo. Também é crucial que você, como líder, possibilite e facilite que os outros acreditem na colaboração e na colaboração específica as quais você está facilitando.

Notas do Fim do Capítulo

[1] Existem vários padrões para mudança de crenças na PNL, aquele que eu (LMH) desenvolvi é o Padrão Meta-Sim. Presente no *Secrets of Personal Mastery* (1997) e *Sub-Modalities Going Meta* (2002). O padrão de mudança de crença do Robert Dilts é O Museu de Velhas Crenças, presente no *Changing Beliefs with NLP*.

***

Capítulo 12

OS PRINCÍPIOS DA COLABORAÇÃO

"Se você reunir as pessoas apropriadas de forma construtiva
e com boa informação, elas criarão visões e estratégias autênticas
para abordar as preocupações comuns à organização..."

Chrislip e Larson, Collaborative Leadership

Para criar colaborações, ou uma cultura colaborativa dentro de um grupo, os líderes colaborativos devem criar e definir enquadramentos de tal forma que o espírito e as habilidades de colaboração possam surgir entre as pessoas e os grupos. Ao falar sobre esses *enquadramentos mentais*, estamos falando sobre crenças, suposições e entendimentos das pessoas sobre pessoas, liderança, gerenciamento, natureza humana, natureza organizacional e muito mais.

Neste capítulo, queremos dar-lhes os principais *enquadramentos mentais* que tornam possível a colaboração. Estas são as ideias, crenças e premissas que devem estar presentes e operacionais em líderes e organizações colaborativas, se há de haver a cultura e vivência da colaboração.[1]

A seguir, temos uma lista dos princípios fundamentais que aludimos nas páginas anteriores. O objetivo é possibilitar que você afixe declarações sucintas que resumem, em frases curtas, os princípios-chave da colaboração e da liderança colaborativa.

1. Uma Colaboração Eficaz é Guiada por uma Visão

Para que haja paixão em um esforço colaborativo, todos devem ver a importância, o valor e os benefícios do projeto. A colaboração é uma sinergia entre o desejo (vontade), capacidade (competência hábil) e emoção (inteligência emocional e maturidade). Para colaborar, deve haver um forte desejo de se atingir algo em conjunto com os outros, bem como as habilidades para serem oferecidas a uma comunidade. Além disso, temos que ter a inteligência emocional necessária para administrar nossos estados e emoções enquanto trabalhamos em conjunto, em unidade.

2. Uma Colaboração Eficaz Requer e produz Democracia

A colaboração requer uma comunidade de seres iguais, onde se valoriza a parceria e o benefício mútuo. Parceria é um sinônimo de colaboração; ambos os termos *implicam uma reciprocidade que gera um acordo do tipo ganha-ganha*. Isso exige uma democracia firme, de modo que exista uma interdependência de dar e receber eficaz que traga à tona o melhor em todos os parceiros. A colaboração é uma parceria sem igual, que vai além do consenso e do networking. Embora colaboração envolva socialização (networking) e conhecer outras pessoas, e embora ela também busque atingir uma visão e valores comuns (acordo), uma colaboração eficaz faz integrar as diferenças. Ela frequentemente usa o conflito, de forma intencional, para aprofundar o acordo.

Ser uma democracia não significa que todos terão voz igual na administração de um grupo, ou sequer que todos tenham que ser consultados. É por isso que grupos maiores, como as democracias, evoluíram para governos de representação. Assim, todos os grupos que constituem uma população ou organização podem expressar sua opinião e perspectiva por meio de seus representantes.[2]

3. Uma Colaboração Eficaz Funciona a partir da Abundância, não da Escassez

Esse enquadramento é uma premissa crítica para colaboração, mas é quase invisível para nós. Isso acontece porque a maior parte dos enquadramentos de abundância e escassez estão na inconsciência. Então, em vez de perguntar a respeito desses enquadramentos, olhe para os comportamentos – de que forma as pessoas agem? Se você quer saber o que as pessoas acreditam, preste atenção em seus comportamentos (muitas vezes eles falam mais alto do que suas palavras).

Se o seu enquadramento (consciente ou inconsciente) supõe que há abundância no mundo, você estará bastante disposto a colaborar com os outros. Caso contrário, você sentirá que todo sucesso e "ganhar" dos outros roubam algo de você. Se acredita nisso, então você vivenciará o sucesso e a excelência dos outros como uma ameaça para você e para o seu bem-estar. Isso, por sua vez, o tornará competitivo, ciumento, invejoso etc.

4. Uma Colaboração Eficaz Busca e Mobiliza Intenções Positivas

A colaboração requer *uma visão otimista da vida e das pessoas*, uma expectativa de que as pessoas estão fazendo o melhor que podem, de acordo com seu aprendizado, desenvolvimento e situação. Elas estão operando a partir de intenções positivas. Isso significa que elas estão operando para fazer algo bom e valioso *para si*. Se você acredita nisso, pode enquadrar as coisas "ruins" que ocorrem como consequências indesejadas, uma intenção de baixo nível ou como um resultado desagradável. Isso ocorre quando a pessoa segue seus objetivos sem ter em mente a ecologia de todo o sistema.

Se você presume que as pessoas são ruins, más e negativamente orientadas, que o "mal", como uma entidade, existe no mundo, então, quando algo ruim acontece, é porque alguém *é* ruim ou mal. Isso significa que as pessoas não entram em estados ruins e de poucos recursos? Claro que não. Isso significa que quando alguém tem intenções malignas de machucá-lo, constranger você, roubar você, trair você, e assim por diante, a pessoa que está agindo assim está buscando alcançar algo valioso para si mesma.

Para descobrir isso, pergunte: "Por que você está fazendo isso? Qual é a sua intenção?". Fazer isso *não* valida o comportamento errôneo e prejudicial, apenas coloca as coisas em perspectiva. Não é porque a pessoa está possuída por demônios e é menos humana, é devido a entendimentos incorretos, distorções cognitivas, falta de desenvolvimento, pensamento imaturo focado no curto prazo etc.

"Por que isso é importante para você?" Fazer essa pergunta permite que você, e a pessoa a quem você pergunta, descubram uma hierarquia de valores. Repita essa pergunta duas ou três vezes, e ocasionalmente até cinco a 10 vezes, até chegar a um nível elevado o bastante, de forma que você possa, facilmente, concordar e valorizar sua intenção. Quando faz isso, você descobre pelo menos uma de suas intenções positivas, que estão por trás do comportamento que lhe machucou e foi desagradável.[3]

O que nós avaliamos como sendo "mal" (ou seja, doloroso, destrutivo, desagradável, desumanizante etc.) é algo que é ruim para nossa saúde, riqueza, bem-estar, saúde mental, relacionamento etc. Não é bom para nossos valores e padrões. E por conta de violar esses valores, eles são "maus" para eles. No entanto, isso é muito diferente da visão pessimista que vê outras pessoas como sendo inerentemente doentes (egoísta, cruel, ruim etc.) por natureza e não dignas de confiança. Para colaborar, temos que partir de uma suposição de boa vontade e de boas intenções.[2]

5. Uma Colaboração Eficaz Requer Diversidade e Diferença

A colaboração exige diversas ideias, opiniões, crenças, talentos etc. Se não existissem diferenças, não haveria motivo para colaborarmos. Se fôssemos todos iguais, tudo o que precisaríamos é da coordenação de atividades. É a partir da combinação e integração de percepções e compreensões diferentes que criamos uma riqueza na textura do nosso entendimento e das nossas atividades. O que o outro vê de maneira diferente pode ser o que eu não consigo ver por conta de um ponto cego que tenho. Eu sequer consigo ver isso. E às vezes, mesmo quando alguém aponta, ainda assim não consigo ver. No entanto, juntos podemos ver mais e mais além, do que sozinhos ou separados.

6. Uma Colaboração Eficaz Cria uma Comunidade a partir do Rudimentar Individualismo das Pessoas Profundamente Independentes

À medida que as colaborações criam uma comunidade, ela passa a ser a cura para os aspectos limitantes de uma mentalidade "individualista rudimentar". A própria mentalidade ocasiona um conflito entre o indivíduo e o grupo, entre si e a sociedade (formulação original de Sigmund Freud). Em contrapartida, esta premissa reconhece que somos seres sociais, e que viver e trabalhar em conjunto de forma cooperativa traz à tona o nosso melhor, individualmente, e nos possibilita alcançar, coletivamente, o que jamais poderíamos alcançar sozinhos.

7. Uma Colaboração Eficaz Requer uma Comunicação Autêntica

Os relacionamentos colaborativos envolvem a união de destinos. Isso não acontece de forma fácil ou automática. Para fazê-lo, temos que comunicar nossas visões e valores, nossas esperanças e medos. E isso requer a capacidade de ser aberto e transparente, confiar e ser confiável, e muito mais. Isso exige que cada um de nós seja verdadeiro, de modo que nossa comunicação seja autêntica. Sem posar ou fingir. Então temos que "sair de nós mesmos e sermos reais" (para usar a linguagem de Susan Scott em *Fierce Conversations*).

8. Uma Colaboração Eficaz é Natural

A colaboração pressupõe que a comunidade é um estado humano natural e um nível de desenvolvimento superior. Fomos feitos para trabalhar em conjunto, coordenando nossas atividades, criando aventuras cooperativas e unindo nossas esperanças e futuros por meio da colaboração. Podemos facilmente reconhecer isso, nos lembrando das grandes realizações humanas ao longo do tempo – elas foram criadas por pessoas trabalhando em conjunto, de forma colaborativa, a serviço de uma grande visão ou propósito. Colaborar é natural, conforme nos mostra nossa própria neurologia: para sermos nós mesmos, cada ser é uma rede de colaboração de bilhões de células que colaboram para nos dar a vida.

9. Uma Colaboração Eficaz Facilita a Criatividade

Uma premissa da criatividade é a de que nos tornamos mais inventivos quando abraçamos a ambiguidade e aprendemos a viver com aparentes contradições, em vez de tentar controlar as coisas ou chegar a um fechamento imediato. O mesmo vale para a colaboração. A criatividade surge quando muitas mentes lutam contra um problema ou desafio. Nesse processo de aceitação da luta, o "impossível" costuma render seus segredos. Encontramos novos caminhos para alcançar o que achávamos ser impossível.

10. Uma Colaboração Eficaz Requer Estruturas Eficazes

As colaborações são planejadas, preparadas, geridas e monitoradas. Isso ocorre porque as melhores colaborações não "simplesmente acontecem". Elas são planejadas. E, no entanto, há mais. O plano deve estar de acordo com a forma como as colaborações eficazes são estruturadas. Havendo uma estrutura errada, uma colaboração pode dar errado.

11. Uma Colaboração Eficaz Requer Vários Papéis Complementares.

As colaborações exigem que estabeleçamos regras básicas para a comunicação, conviência, procedimentos etc., que precisamos de normas e distinção de papéis para sermos altamente eficazes. Transparência na tomada de decisões, informações boas ou precisas, não haver aprovação de propostas por impulso, debate saudável sobre os posicionamentos etc. Todas essas funções exigem que pessoas diferentes preencham e exerçam papéis diferentes.

12. Uma Colaboração Eficaz Desencadeia Potenciais Individuais e Coletivos

Este é um dos benefícios "eureka!" que resulta da colaboração. Por meio da colaboração podemos trazer à tona o melhor em cada um de nós e nas nossas empresas, famílias e organizações. Nós precisamos disso, se queremos que a colaboração realmente realize o seu potencial. E, embora nós geralmente não adentremos uma colaboração com esse propósito, pelo menos não como nosso principal objetivo, ele é um dos subprodutos irremediáveis de se viver uma vida colaborativa. Isso nos permite jogar um "jogo maior".

13. Uma Colaboração Eficaz envolve Cuidado

Você consegue colaborar se, basicamente, você não gosta ou se preocupa com as pessoas? Em sua representação, você é capaz de coordenar suas atividades e até cooperar, mas você não consegue colaborar. A essência da colaboração é preocupar-se com as pessoas e cuidar delas – o que Abraham Maslow chamou de "sentimento fraterno pela humanidade". Para colaborar você precisa ser capaz de ver as pessoas crescerem e se desenvolverem. Cuidar, tão somente, não é o suficiente para se colaborar, mas é necessário.

14. Uma Colaboração Eficaz é Sistêmica

Toda colaboração é constituída de um sistema de pessoas, cada uma vivendo e agindo a partir de diferentes sistemas. Ele é, em si, também um novo sistema de interações e de inter-relações de múltiplas variáveis. Como tal, uma colaboração eficaz sistêmica por natureza. Podemos, portanto, esperar que haverá o surgimento de novas propriedades e características à medida que o sistema opera. Também podemos antecipar que a colaboração funcionará por meio da sinergia do todo. Para que sua colaboração seja sistêmica, você terá que mudar a sua forma de pensar, do pensamento linear para o pensamento sistêmico. Isso exigirá de você a capacidade de ver as variáveis, como elas estão relacionadas e como trabalham em conjunto ao longo do tempo.

15. Uma Colaboração Eficaz se Energiza a partir de Pequenas Vitórias

No início de uma nova colaboração, uma ótima maneira de facilitar a colaboração, ganhar impulso e obter um senso de sucesso é conquistar alguns sucessos menores. Fazer isso aumentará a credibilidade e a confiança, ao mesmo tempo que supera a inércia e o ceticismo. Pergunte-se: "O que nós podemos fazer, que é pequeno, mas gerenciável, aqui no início da colaboração, que irá demonstrar que podemos trabalhar juntos de forma eficaz e fazer o que precisa ser feito?". Como líder colaborativo, plante esta pergunta em sua mente e conviva com ela, até que ela comece a fazer a sua mágica.

16. Uma Colaboração Eficaz requer uma Liderença Facilitadora

Por último, mas não menos importante, uma colaboração eficaz o é por ser liderada e guiada por líderes colaborativos. Embora pudesse ser uma comunidade só de líderes colaborativos, o mais provável é que haveria alguns líderes colaborativos que assumiram a liderança – uma equipe de líderes colaborativos.

Notas do Fim do Capítulo

[1] Se você deseja ler uma teoria sobre isso, leia o livro, *Self-Actualization Psychology* (2011).
[2] Leia mais em *Political Coaching* (2015)
[3] Veja o Padrão de Intencionalidade. Você pode encontrá-lo em *Secrets of Personal Mastery* (1997).

* * *
Capítulo 13

O JOGO MAIOR
DA COLABORAÇÃO

Como as inovações surgem das interseções de diferentes disciplinas,
as melhores colaborações acontecem quando mentes brilhantes,
de diferentes disciplinas, dialogam entre si.

Quando se trata de colaboração, existe um jogo que é maior do que a mera junção de diferentes pessoas trabalhando em conjunto em cima de uma ideia, empresa ou projeto. Muitas vezes, é esse jogo maior que nos toma e nos atrapalha no processo colaborativo. Então, que jogo maior é esse?

"O jogo maior da colaboração" é o que está por trás e acima do jogo primário. Se o jogo primário é o de trabalhar em conjunto em um projeto que nos interessa e tudo que está envolvido nisso, o jogo maior se refere a todos os valores e benefícios de nível elevado, que surgem quando a colaboração transforma a nós, nossas vidas, nossas mentes e corações, e nossas organizações e comunidades. Esses são os benefícios secundários resultantes do processo de colaboração.

Essas "dádivas" inesperadas que surgem no processo de colaboração, quase nunca são o motivo pelo qual colaboramos. Não nos propomos a colaborar para alcançar esses resultados secundários. Eles sequer são garantidos. No entanto, são suficientemente importantes, e às vezes transformadores, para destacarmos quatro deles, com toda razão:

1. *A estado de ser oriundo do crescimento pessoal, à medida que alguém se desenvolve como pessoa.*
2. *A criatividade de propriedades emergentes que surgem de forma surpreendente.*
3. *O surgimento de equipes e do espírito de equipe.*
4. *A autorrealização de indivíduos e de grupos.*

1. O Estado de *Ser* Oriundo do Crescimento Pessoal

Quando colabora, você precisa crescer quase que o tempo todo. Querendo ou não, isso acontecerá. Você mudará por causa da colaboração. Você crescerá e se desenvolverá como pessoa. Você se tornará mais no que pode se tornar como pessoa. Dentro da estrutura profunda da colaboração estão surpresas e desafios que, inevitavelmente, nos levam para o crescimento pessoal, e a lugares novos e inesperados em nosso desenvolvimento pessoal. Toda colaboração nos faz crescer porque toda colaboração nos leva para além de nós mesmos, à medida que nos encontramos com os outros e unimos nossas mentes e corações para entrar em comunhão.

Quando você colabora, abre espaço dentro em seu interior para trabalhar e se comunicar com pessoas com habilidades complementares, perspectivas únicas e mapas mentais radicalmente diferentes sobre o mundo. Isso oferece a cada pessoa na colaboração uma oportunidade e um desafio para o crescimento. Não é que nós nos tornamos o mesmo que a outra pessoa, isso seria uma forma de consenso superficial e diminuiría cada pessoa para haver colaboração. O que acontece é que expandimos nosso senso de realidade e nossas opções para lidar com as situações e para trabalhar em conjunto, em parceria.

Envolver-se apaixonadamente com outros em um projeto que é maior do que todos nós geralmente tem o efeito de exigir que também nos tornemos maiores. Tornamo-nos maiores em perspectiva, paciência, persistência e entendimento. Nós nos elevamos acima das pequenas preocupações e do ciúmes.

Nesse poder oculto de colaboração, há um paradoxo mais profundo. Tornamo-nos mais e mais nós mesmos à medida que nos defrontamos com o "eu" singular das outras pessoas. E no processo, trabalhando com os outros, aprendemos a realizar nossos valores e visões mais elevados.

2. A Criatividade de Propriedades Emergentes e Surpreendentes

Aqui está outro fator surpreendente que reside dentro da colaboração, e que não é possível planejar ou antecipar. É o que Ian McDermott disse um dia, quando estávamos em uma das nossas conversas à distância, colaborando neste livro. *"O fator surpresa é o momento Eureka!"* Este é o momento em que, de repente e inesperadamente, possibilidades emergem em algo que aqueles que estão colaborando não esperavam e não anteciparam. No entanto, isso acontece.

A partir da colaboração das mentes, do *brainstorming* e do lançamento de ideias e possibilidades em conjunto, algo surge, e *é isso!* Algo emerge, e é a resposta para as perguntas de todos. É nesses momentos que podemos soltar um grito de *Eureka!* As descobertas surgem da interação de muitas cabeças trabalhando em cima de um problema e surpreende a todos.

Essa é uma das razões pelas quais colaboramos? Bem, a resposta é sim e não. A resposta é "não" à medida que não se define isso como nosso objetivo primeiro, nem usamos isso como nosso critério de avaliação. E "não" também porque, se o fizéssemos, a própria intenção de fazer isso acontecer provavelmente a eliminaria e impediria que ela surgisse. No entanto, a resposta é "sim" à medida que permitimos que aconteça no seu modo e tempo, sem qualquer expectativa ou demanda – é mais como uma esperança de que a ideia criativa e a experiência de eureka! emergirão em algum momento.

Esse surgimento criativo é comum quando as pessoas aprendem a pensar juntas como mentes parceiras e quando os grupos aprendem a se envolver em processos de aprendizado coletivo. É no processo de aprendizado coletivo, quando as pessoas usam o processo do teatro de improviso e, aberta e vulneravelmente pegam carona nas ideias umas das outras que, às vezes, as ideias mais maravilhosas aparecem.

O Aspecto Selvagem da Criatividade

Um aspecto fascinante da criatividade é o de que ela não pode ser prevista. Muitos tentaram. Muitos continuam a tentar prever a criatividade do futuro, por exemplo, prevendo as invenções que virão. No entanto, quase sempre estão errados. Isto é devido à própria natureza da criatividade. Há algo inerentemente selvagem, caótico e até "louco" na criatividade.

Ela nasce de estranhas e selvagens misturas das coisas e, muitas vezes, independente das intenções dos inventores. Eles se propuseram a encontrar ou inventar uma coisa e acabam por achar outra bem inesperada. O que fez dar certo foi que eles eram curiosos e tinham a mente aberta para o inesperado. Em vez de rejeitá-lo ou julgá-lo, eles jogaram com as possibilidades e deixaram que essas possibilidades os conduzissem a lugares tais que nem sequer podiam imaginar.

Uma história pode ilustrar melhor isso. Durante a nossa modelagem da colaboração, Ian contou a Shelle e Michael sobre um evento que aconteceu durante um período de três dias, quando ele e sua esposa Paulette se encontraram com Robert Dilts e sua esposa Deborah. O tempo que passaram juntos foi uma "colaboração improvisada". Não havia uma programação formal, além daquela de se estar aberto ao que poderia surgir ao estarem juntos. O tempo que passavam juntos era um momento em que todos estavam "abertos a qualquer coisa, para fazer algo diferente".

> "Ao explorarmos o campo dessa colaboração, era evidente que era especial e indescritível. Era "uma irmandade". E dela surgiu, para todos nós, uma maneira totalmente nova de se trabalhar. Novos paradigmas também nasceram por causa disso. Além disso, renovou nossos espíritos e nos tornou pessoas melhores por conta disso".

3. O Surgimento de Equipes e do Espírito de Equipe

Aqui está outra propriedade emergente que, às vezes, mas nem sempre, surge das colaborações. É também um sinal de uma colaboração muito eficaz. Vocês descobrem que se tornaram uma equipe de alta performance juntos. Estas são equipes de pessoas que se divertem muito e que não só conseguem fazer as coisas, mas também funcionam no auge de suas habilidades.

A colaboração que nos desenvolve é interdependente. Isso significa que fomos além da dependência, da contradependência e da independência, e chegamos a um novo e mais elevado nível de desenvolvimento – o nível de *interdependência*. Nós somos mais uma vez dependentes uns dos outros para conseguir nosso objetivo. Essa confiança de alto nível funciona porque todos os colaboradores são maduros e desenvolvidos o suficiente para cumprir com aquilo que eles dizem e prometem.

Uma vez que a colaboração resulta da sinergia de focar em si mesmo e nos outros de forma sinérgica, agora podemos evitar os extremos, ou de ser um aventureiro solitário, de um lado, ou de ser codependente, do outro lado.

Esse é o jogo maior. A colaboração que nos desenvolve também envolve a presença de outra sinergia. Aqui, a sinergia é a da vontade ou *do desejo* de colaborar com *a capacidade*, que fala das verdadeiras habilidades pelas quais trabalhamos juntos de forma eficiente. Essas duas facetas nos dão dois eixos adicionais para distinções adicionais que nos ajudam a entender a experiência de colaboração: desejo e capacidade (Figura 8).

Na parte de baixo da figura do Quadrante, temos um foco baixo em si mesmo e nos outros; este é o primeiro quadrante de ser não colaborativo. Focarmo-nos exclusivamente nos outros, nos leva ao quadrante dois: Dependente. Focarmo-nos exclusivamente em nós mesmos nos leva ao quadrante três: Independência. É no quadrante quatro, em que mantemos um foco mútuo e articulado tanto em nós mesmos quanto nos outros, que vivenciamos a colaboração.

Figura 8

```
         Convocado
       ↗          ↘
  Facilitador   Líder Colaborativo
       ↑           ↓
                Advogado
       ↖          ↙
         Colaborador
```

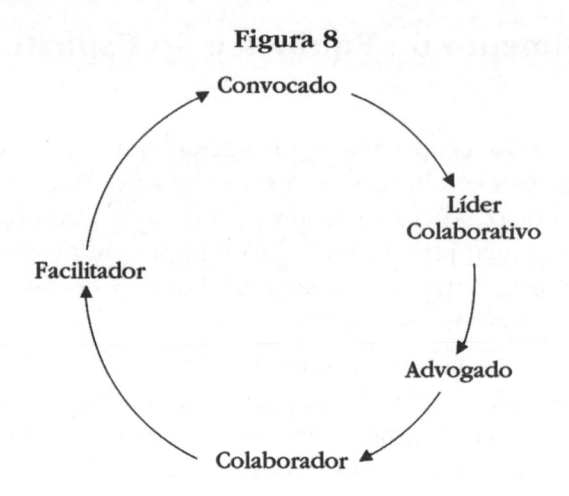

O princípio que governa o eixo do "querer" é o de que nós não iremos colaborar se não quisermos. E nós não estaremos dispostos a colaborar a menos que, ou até que, vejamos a importância e o valor de fazê-lo. O eixo do desejo, portanto, elicita e pressupõe os valores da colaboração. Como já mencionado, os principais são:

1. *Resultados e nível e qualidade mais elevados.* Nós podemos fazer mais juntos do que sozinhos ou separados. Na verdade, existem coisas que não podemos alcançar sozinhos.

2. *Facilitar o crescimento pessoal.* Complementar as forças, apoiar as fraquezas.

3. *Vivenciar mais diversão e alegria.* Com a colaboração, podemos trabalhar juntos de forma colaborativa, de forma a criar um senso de espírito de equipe.

O princípio do eixo "ser capaz de" é que existem habilidades e competências básicas necessárias para se poder colaborar de verdade. Apenas querer não é o suficiente. O desejo é importante, mas não é suficiente para permitir que as pessoas realmente colaborem. Isso leva ao próximo diagrama (Figura 9) e a um novo conjunto de Quadrantes que podemos deduzir a partir dos eixos de desejo e capacidade de colaboração.

PARTE II Liderança Colaborativa *157*

Figura 9

	Pouco	Muito
Muito (Desejo de Colaborar)	Eu tenho o desejo, mas não a capacidade	Eu tenho tanto o desejo quanto a capacidade
Pouco	Eu não tenho nem o desejo, nem a capacidade	Eu tenho a capacidade, mas não o desejo

Capacidade de Colaborar

Os quadrantes que surgem começam com o Quadrante Um, onde há pouco desejo e pouca capacidade. No Quadrante Um não estamos dispostos e nem somos capazes. Isso significa que somos incapazes de realmente colaborar. No Quadrante Dois, somos capazes, mas não temos desejo. Assim, sem o desejo, a capacidade não será posta em prática. Aqui, o potencial existe, mas não é ativado por falta de desejo.

No Quadrante Três, temos o desejo, queremos, mas não conseguimos realizá-lo. Somos incompetentes para alcançar o que desejamos. É no Quadrante Quatro que temos o desejo e a capacidade para a colaboração.

Figura 10

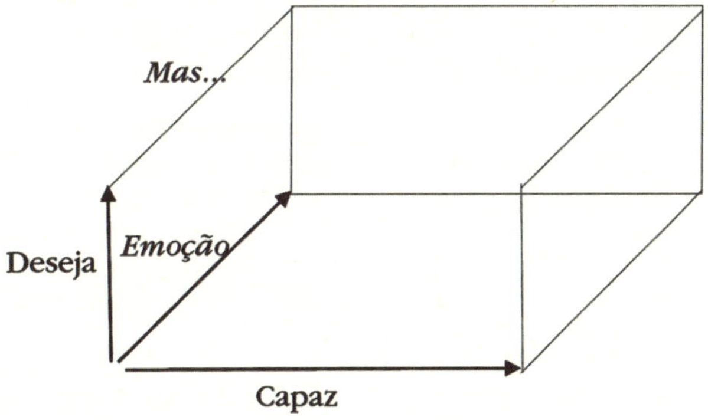

Mas...
Deseja *Emoção*
Capaz

Na *Figura 10* adicionamos mais uma dimensão – *a dimensão da emoção*. E se estivermos dispostos,e formos capazes, mas não estivermos emocionalmente prontos para vivermos a colaboração? E se não tivermos o estado adequado, o bom humor, a atitude ou o atributo emocional para usar nosso desejo e nossas capacidades? Nesse caso também, mais uma vez, a colaboração que desejamos e somos capazes de realizar, não irá acontecer. Portanto, a colaboração exige isso também – *o estado emocional e a maturidade* para poder efetivamente unir as pessoas para trabalharem como um só.

4. A Autorrealização de Indivíduos e Grupos

A autorrealização se refere a tornar real (realizar) o que é somente uma possibilidade ou potencial. Tornar reais os potenciais é o propósito da colaboração. É por isso que colaboramos, e esta é uma das dádivas "eureka!" ocultas dentro da colaboração. Isso porque, no processo, pessoas e organizações também tornam reais seus potenciais.

Isso sugere que uma maneira de atualizar seus significados mais elevados – o que é mais importante para você, e suas melhores performances – suas melhores habilidades e práticas – é colaborar com outros em um projeto, e especialmente em projetos que nos desafiam a crescer e ir além de nós mesmos. Então questionamos: por que é que mais pessoas não colaboram de verdade, e criam parcerias colaborativas? Por que é que mais pessoas não se oferecem para colaborar com sua comunidade?

Existe uma diferença significativa entre as necessidades fundamentais de nível "mais baixo" e as metanecessidades de nível "mais elevado" no processo de autorrealização. Isso é o que podemos aprender com a hierarquia das necessidades humanas de Maslow.

Necessidades Fundamentais Baixas	*Necessidades Existenciais Superiores*
Mais biologicamente determinadas	Menos determiandas e mais abertas
Mais tangíveis – empíricas	Mais intangíveis – psicológicas
Dirigidas pela deficiência	Dirigidas pela abundância e pelo "ser"
"A Selva" (palavras de Maslow)	Reino da transcendência
Lugar de Competição	Lugar de Colaboração

Em resposta, poderíamos dizer que eles não estão realizando seus potenciais. Talvez eles não estejam vivendo uma vida autorrealizadora o suficiente. Em vez disso, eles ainda estão vivendo a partir das necessidades mais baixas e buscando satisfazer as necessidades fundamentais. Se assim for, não é de se admirar que eles não estejam prontos para avançar, para ir além da "selva" das necessidades mais baixas. Maslow observou que a deficiência (ou falta) impulsiona as necessidades mais baixas, e quando as pessoas vivem nesse nível, *uma sensação de deficiência* as conduz. Isso contrasta com a sensação de *abundância* que caracteriza as necessidades ou valores mais elevados – domínio no qual se encontra a colaboração.

Uma vez que a concorrência caracteriza os níveis mais baixos, e a colaboração as necessidades mais elevadas, quando colaboramos estamos indo ao encontro de muitas de nossas necessidades ou metanecessidades ao mesmo tempo. Isso pode nos ajudar a entender por que aqueles que continuam batalhando para atender às suas necessidades mais baixas tendem a ser particularmente competitivos. Presos às necessidades mais baixas, eles dão muito significado a elas e estão tentando extrair delas "o sentido da vida".

Para possibilitar que uma pessoa alcance o impulso das necessidades mais elevadas, em que a *colaboração* é fácil e natural, ela precisa primeiro aprender a atribuir às necessidades mais baixas o significado correto e desenvolver as competências necessárias para lidar com essa necessidade. Só então a pessoa subirá na escala e se tornará cada vez mais autorrealizada, de forma que poderá viver pelos valores *do ser*. Meramente tentar persuadir as pessoas a serem mais colaborativas, utilizando-se do enquadramento e reenquadramento, não irá funcionar. Pelo menos não no longo prazo. As pessoas podem *saber* que a colaboração é uma forma melhor de se viver, e *saber* que elas deveriam colaborar, no entanto, a menos que elas atendam suas necessidades mais baixas, não conhecerão, intuitivamente, o valor da abundância e da colaboração.

Isso significa que *a colaboração é um sinal e, ao mesmo tempo, uma expressão da autorrealização*. Agora que você sabe disso, aqui está mais uma razão para a magia da colaboração – ela possibilita e facilita a realização do nosso melhor "eu" na relação com os outros, em uma aventura mutuamente benéfica. *Compartilhar* com outros de forma igualitária para atingir acordos do tipo ganha-ganha parecerá algo idealista e irrealista. Isso irá violar a sensação de carência do nível de deficiência.

Seus Próximos Passos como Líder Colaborativo

Você está pronto para alcançar o jogo maior? Você tem uma consciência mais expandida de que existem muitas qualidades que acompanham a colaboração? Você não pode exigir isso das pessoas. Você não pode definir prazos para isso. As pessoas não funcionam assim. São pequenas bênçãos que aparecem quando você menos espera. E elas têm a ver, principalmente, com as transformações que ocorrem dentro de você e na cultura que você cria como líder colaborativo.

* * *

Capítulo 14

OS ESTADOS DA COLABORAÇÃO

"As pessoas que ouvem com atenção são energizantes e aquelas que energizam os outros são comprovadamente mais bem-sucedidas ".
Keith Sawyer (2007) Group Genius

Uma das maiores barreiras a este novo tipo de liderança colaborativa é o antigo estilo de liderança, baseado no comando e controle.
L. Michael Hall

Um dos princípios básicos de comunicação da PNL é o de que sempre e inevitavelmente comunicamos de um estado para outro estado. O mesmo princípio aplica-se às relações, relacionamo-nos de um estado para um estado. Também podemos aplicar isso à liderança, ao treinamento, ao gerenciamento, à consultoria e assim por diante. O estado no qual uma pessoa se encontra, em seu humor, atitude, "espaço" e/ou emoção, influencia fortemente a sua comunicação, seu relacionamento etc. Portanto, não deve surpreender que isso se aplique da mesma maneira à colaboração. O estado em que uma pessoa se encontra ao colaborar influenciará seu estilo e sua eficácia. O "estado" funciona como uma variável-chave com relação à qualidade da colaboração.

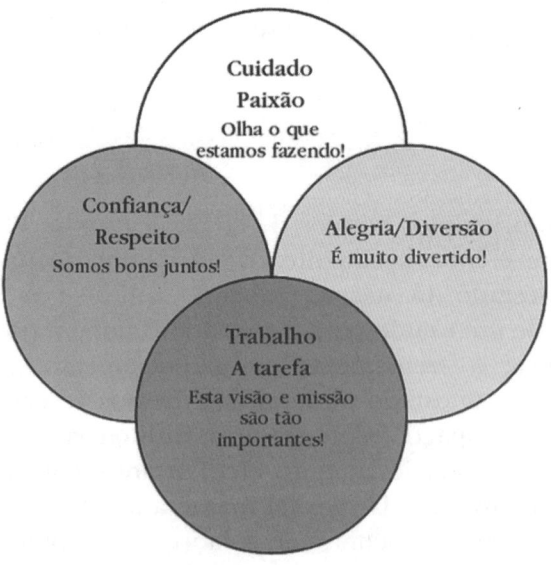

Por outro lado, também existem estados os quais podemos acessar ou operar que *prejudicam* a colaboração eficaz. Na verdade, existem estados que sabotarão o melhor das colaborações. Convém, portanto, identificarmos os estados certos, estabelecer um alerta contra os errados e desenvolver a inteligência emocional necessária para influenciarmos os outros a gerirem os seus estados de forma eficaz, se quisermos alcançar o patamar de líderes colaborativos.

Quais são os estados da colaboração, aqueles que trazem à tona o melhor comportamento colaborativo nas pessoas? Aqui está uma lista curta deles:

Abundância
Coragem
Presença
Assertividade
Celebrar outros
Liberando o passado

Confiar e Ser Confiável
Responsabilidade e Proatividade
Abertura – aos outros, a aprender
Maturidade: seguro senso de si mesmo
Empaticamente Compassivo

Qualidade da Colaboração

Cuidado
Paixão
Olha o que estamos fazendo!

Confiança/Respeito
Somos bons juntos!

Alegria/Diversão
É muito divertido!

Trabalho
A tarefa
Esta visão e missão são tão importantes!

O Estado de Confiança

Anteriormente, identificamos um princípio básico da colaboração: *Toda e qualquer coisa que comprometa a confiança entre as pessoas é uma barreira à colaboração.*

Dimensões da Colaboração

1
Cuidado + Confiança
+ Trabalho
Mas, sem Alegria
Colaboração triste

*
Cuidado + Alegria +
Confiança +
Trabalho
Colaboração excelente

**Cuidado
Paixão**
Olha o que estamos fazendo!

**Confiança/
Respeito**
Somos bons juntos!

**Alegria/
Diversão**
É muito divertido!

1 * 2
3

**Trabalho
A tarefa**
Esta visão e missão são tão importantes!

2
Alegria + Confiança +
Trabalho
Mas, sem Confiança
/respeito
Colaboração desconfiada

3
Trabalho +
Confiança + Alegria
Mas, sem Paixão /
cuidado
Colaboração fria

A essência da colaboração envolve dois estado: confiar e ser confiável. A *confiança* permite que a colaboração se desenvolva, enquanto quebrar a confiança e desconfiar prejudicam a colaboração. A razão é simples: para se conectar, colaborar e se relacionar com alguém em qualquer nível e qualidade, é preciso *confiar*.[1] Doarmo-nos aos outros, mesmo que somente com nossa atenção e interesse, mas especialmente quando doamos nossas ideias, emoções, necessidades, crenças e esforço significa que tornarmo-nos abertos e vulneráveis a muitas outras coisas. Para fazermos isso, temos que confiar que o outro, ou outros, irão receber nosso presente com graça, respeito, boa vontade, aceitação e apreciação. Quando não fazem isso, nós deixamos de confiar a eles nossos gestos de doação. E assim, nos afastamos e criamos resistência. Vamos reduzindo nossa conexão, e isso enfraquecerá a colaboração.

O Eixo "Eu" (Self) é fundamental. Isso porque, em todas as colaborações, *como você age e se relaciona consigo mesmo* inevitavelmente influencia a colaboração. A escala, nesse caso, é uma escala de desenvolvimento. Ela vai da carência e dependência, de estar inconsciente de si mesmo e ser incapaz de ser autossuficiente, até a total independência, ser autoconsciente, ter a força de ego suficiente para ser autossuficiente. Isso indica o desenvolvimento da autoconfiança.

Dependente	**Eu (Self)**	Independente
*		*
Carente, Inconsciente		Autoconsciente
Duvidando de si		Força de Ego

Na extrema direita do *Eixo "Eu"*, a pessoa experencia a si mesma como um indivíduo totalmente desenvolvido. Você sabe quem você é, o que quer, e como lidar com, e até mesmo dominar, suas necessidades e desejos. Você tem um alto nível de desenvolvimento pessoal e a força do ego necessária para enfrentar os desafios da vida. Tudo isso o descreve como *uma pessoa independente* e que pode confiar em si mesma, que se conhece e é capaz de seguir seus planos. Isso lhe dá uma base forte a partir da qual colaborar. Os níveis mais baixos do *Eixo "Eu"* representam níveis inferiores de capacidade de colaboração, uma vez que a pessoa é carente, cega de si mesma e, portanto, incapaz de contribuir com muito, quando capaz. Nesse ponto, a pessoa teria uma autoconfiança muito baixa.

O Eixo Outros também é fundamental. Isso ocorre porque toda colaboração envolve outras pessoas e, portanto, requer o desenvolvimento de habilidades relacionais e sociais. Quão desenvolvido você está para se conectar, se relacionar e contribuir com outras pessoas? A escala, aqui, vai desde uma pessoa insociável e inconsciente dos outros, até alguém plenamente consciente, atenciosa, que valida e cuida dos outros.

Insociável	**Outros**	Alta Inteligência Social
*		*
Inconsciente dos outros		Apreciação dos talentos
Indiferente, duvida de outros		Reconhece
Desconfia de outros		Confia nos outros

A extrema direita no *Eixo Outros* descreve a capacidade de atender, preocupar-se e fazer referência aos outros. Isso indica um alto nível de empatia, que é a inteligência social necessária para se colocar no lugar do outro ("segunda posição") e apoiar os outros.[1] Uma pessoa neste nível de desenvolvimento geralmente é digna de confiança. Uma pessoa na extrema esquerda, nesta escala, não tem essas qualidades e habilidades, portanto, é incapaz de colaborar devido à falta de saber se relacionar eficazmente com outras pessoas. Na extrema esquerda, a pessoa é completamente dependente dos outros, como um recém-nascido, sem a capacidade de retribuir. Uma pessoa neste nível não se comporta de uma maneira que seja digna de confiança.

No quarto quadrante da colaboração, temos uma pessoa que é capaz de se concentrar *simultaneamente* em si mesma e nos outros. Ela integra sua independência e força de ego com suas habilidades sociais de empatia e apoio. Dessa forma, temos uma integração de forças devido a um foco duplo, em si mesmo e nos outros, com permissão e aceitação, apreciação e confiança mútua, para haver uma capacidade sólida para a colaboração. Nesse ponto, a pessoa tem autoconfiança e é confiável.

As barreiras que impedem a confiança podem surgir em ambos os eixos. No *Eixo "Eu"*, as barreiras à autoconfiança decorrem da falta de desenvolvimento pessoal, de duvidar de si mesmo, da falta de confiança etc. e de excesso de independência, de forma a não haver espaço para os outros.

No *Eixo Outros*, as barreiras contra a confiança provêm do desconhecimento dos outros, da falta de atenção para com os outros, da desconfiança em relação aos outros, da supervalorização dos outros, portanto, dependendo completamente deles.

Estados de Colaboração relacionados ao "Eu" (Self)

Alguns dos melhores estados colaborativos referem-se ao senso de "eu", tal como a maturidade, coragem, sensação de abundância, compartilhamento etc.

Maturidade ao invés de Imaturidade

Sua capacidade de colaboração depende, em grande medida, do seu nível de maturidade e desenvolvimento pessoal. Esta é uma das descobertas do campo da Psicologia do Desenvolvimento, que estuda os estágios de desenvolvimento humano. No começo, somos muito limitados, muito inseguros, muito carentes para termos qualquer coisa com a qual colaborarmos. Mas, à medida que crescemos, começamos a entender que podemos conseguir muito mais trabalhando juntos, aprendendo a "jogar bem com os outros". O desenvolvimento, a colaboração e a contribuição descrevem aqueles que resolveram muitos dos primeiros desafios e necessidades, e estão prontos para chegar ainda mais nas dimensões sociais.

- Você é maduro o suficiente para colaborar?
- Você é impetulante e mesquinho com relação ao que é seu, para não ter que compartilhar?

Coragem ao invés de Medo

Se colaborar é algo tão grandioso e produz benefícios incríveis, então o que nos impede de fazê-lo? O que nos impede de colaborar e de sermos líderes colaborativos? Um dos grandes obstáculos é o medo de que a aventura da colaboração dê errado. As pessoas poderiam ser ridicularizadas, machucadas ou traumatizadas, e depois decidirem que não querem mais trabalhar juntas.

Quando há verdadeiros perigos e ameaças na vida, o *medo* surge como uma emoção positiva e útil. Ele pode nos estimular a sermos cautelosos, evitar perigos desnecessários e nos preparar para o perigo. Por outro lado, quando o "perigo" é algo percebido, mas não real, a energia emocional do medo torna-se não só desnecessária, ela não tem para onde fluir senão contra si mesmo, contra a mente e o corpo da pessoa.

Muitas vezes, tememos o pior como um mecanismo de enfrentamento para evitar surpresas. Tememos que os outros se aproveitem de nós, nos usem e/ou nos tratem de forma injusta. Tememos que a outra pessoa não venha a cumprir suas promessas. Tememos o fato de que podemos não suportar se a outra pessoa nos decepcionar ou se nos frustrarmos novamente! Essa temerosa apreensão nos faz desconfiar das motivações dos outros.

No lado positivo desta emoção, o medo pode nos alertar para a necessidade de construir limites para a colaboração, estabelecer regras de responsabilização e fazer algum tipo de gerenciamento de risco necessário para os cenários mais pessimistas. O medo nos alerta para possíveis interesses escusos, e nos convida a ter coragem para eliminar estas preocupações, de vez. Ao reconhecer os medos, podemos então eliminar o otimismo cego e chegar a decisões inteligentes em relação à forma como vamos organizar a colaboração. Usando nosso medo, podemos testar a força da colaboração. Será que vamos sobreviver ao teste?

- Quanto você é conduzido pelo medo, ao invés da coragem?
- Que tipo de coragem você precisa para enfrentar os medos da colaboração?
- Você possui as habilidades de gerenciamento de risco necessárias para apaziguar o poder do medo?
- Quão bem você consegue distinguir um medo verdadeiro de uma preocupação e de uma timidez?

Abundância ao invés de Escassez

A atitude de que "os recursos são limitados; não há para todos; tudo aquilo que você conquistar faz sobrar menos para mim" é uma atitude cultural que possui uma história extensa por detrás dela. Além disso, na maior parte da história humana, a escassez predominou. Antes do século XX, a maioria das pessoas via recursos, oportunidades, interações, dinheiro, ideias, criatividade e quase todo o resto, em termos de escassez. Havia muitas evidências para se pensar que a vida é um jogo de soma zero. Então, toda vez que uma pessoa ganhava, isso significava uma perda para outra pessoa. Esta atitude, obviamente, limita severamente a colaboração, caso contrário, a destruiria. Esta compreensão nos deixa cegos para a abundância no mundo e para aquela que é criada na sinergia da colaboração.

A mentalidade e o estado de abundância requerem um senso interior de criatividade. "Eu posso criar mais". As pessoas sem criatividade não têm esse sentido e se apegam ao que têm. Para elas, a perda é muito temida.

A escassez, muitas vezes, se expressa como possessividade, acúmulo e nos leva a agir de forma como se quisessemos criar um feudo ou um silo. Esta atitude é semelhante a de um filho de dois anos que declara: "É meu e eu não vou dividir com ninguém". O medo que leva a esta atitude é o medo de que não haja o suficiente. "Eu ficaria mais pobre se compartilhasse". Então, essas pessoas acabam vivendo em um mundo onde elas não se atrevem a compartilhar. O seu paradigma de ganha-perde faz com que a vida seja um jogo de soma zero para eles.

Do lado positivo, isso motiva a pessoa a garantir que alguém tenha o suficiente para sobreviver e saber como se proteger da perda. No entanto, para que isso seja saudável, temos que estabelecer limites.

- Quanto é o suficiente? Quando eu terei o suficiente de forma que estarei pronto para compartilhar?
- Você vive principalmente em estado de abundância ou de escassez?
- Você possui abundância dentro de si mesmo ou está faltando alguma coisa?

Compartilhar ao invés de Focar exclusivamente em si mesmo

A atitude individualista tem uma história extensa, especialmente nas sociedades ocidentais nos séculos XVIII e XIX nas Américas. Isso promoveu uma ênfase na atitude de fazer você mesmo e não confiar nos outros. Levado ao extremo, esse individualismo grosseiro impede que as pessoas vejam o valor da colaboração.

Diferente disso, os grupos e culturas com base na identidade social sofrem do outro extremo. Uma pessoa não é ninguém sem o seu grupo. A identidade, o status, o valor etc. de alguém são localizados e determinados pelo grupo, e não pela pessoa.

O estado que cria a sinergia entre essas duas posições extremas é a de *eu com outros*. A atitude imatura concentra seu foco no eu acima e além da necessidade dos outros, "*Eu preciso conseguir com que as coisas sejam feitas do meu jeito; afinal, eu sei o que é melhor. Eu sou mais inteligente do que os outros."* "Esta é a *minha* colaboração". O egoísmo, aqui, revela um senso de "eu" subdesenvolvido, de modo que o foco em *si mesmo* é apropriado para o nível de desenvolvimento dessa pessoa, mesmo que seja uma tentativa inadequada de perceber a si mesmo.

O contrário disso é, paradoxalmente, um forte senso de "eu" – e é esse forte senso de "eu" que dá à pessoa a capacidade de colaborar. Assim, a pessoa é capaz de apresentar algo que ela tem para oferecer.

A arrogância envolve *(ar)rogar* para si mesmo qualidades, traços, talentos etc., que não se tem. É uma expressão da falta e de carência. O contraste é a assertividade, de forma que, simplesmente e com naturalidade, afirma-se o que se tem. A arrogância é uma maneira falsa e ineficaz de lidar com o senso de "eu". Como tal, torna a pessoa cega para os outros, para seus pontos fortes, seus dons, suas contribuições e para o que eles trazem para somar. A arrogância é excesso de autorreferência, já que a atenção de alguém concentra-se tanto em si mesmo que pouco percebe o que está acontecendo com o outro. Também limita, severamente, a capacidade de ouvir os outros.

Por essa razão, a arrogância faz com que a pessoa perca oportunidades. Como a mentalidade arrogante desconta nos outros, e especialmente suas contribuições, ambos *superestimam* os próprios talentos e, simultaneamente, *subestimam* os talentos dos outros.

Apesar de ser um CEO "estrela", Lee Iacocca, o salvador da Chrysler, não era um líder colaborativo. Como ele se sentia "o príncipe da coroa" na Ford, quando Henry Ford o demitiu, sua humilhante saída da Ford o deixou ferido por dentro durante anos. Quando sua segunda esposa lhe disse para superar isso – "Você não percebe o favor que Henry Ford fez para você. Ser demitido da Ford o levou à grandeza. Você é mais rico, mais famoso e mais influente por causa de Henry Ford. Agradeça-lhe" –, ele se divorciou dela (*Iacocca: An Autobiography*, p.231).

Levin, em *Behind the Wheel at Chrysler*, disse que Iacocca olhou para a história pensando em como ele seria julgado e lembrado. Mas ele não se preocupou com isso durante a construção da empresa. Pelo contrário. De acordo com um de seus biógrafos, ele temia que seus subordinados pudessem receber o crédito por novos e bem-sucedidos designs, e então se recusou a aprová-los. Ele temia, assim como Chrysler, que seus subordinados pudessem ser vistos como os salvadores da pátria, então tentou livrar-se deles. Iacocca teve medo de ter seu nome apagado da história da Chrysler, então, desesperadamente manteve-se como o CEO, mesmo muito tempo depois de ter perdido a eficácia.

Carol Dweck citou isso em *Mindset* como um exemplo de "mentalidade fixa", uma mentalidade que o levou à fúria, "vomitando" críticas severas, o que o fez retroceder, tornando-se "o tirano isolado, pequeno e punitivo, que ele havia acusado Henry Ford de ser." (*Mindset*, p. 116).

Um estado de Presença ao invés da Autoabsorção

Neste estado emocional, a atitude é a de estar absorvido em si mesmo e, portanto, não estar disponível para os outros. Essa autoabsorção significa que você não está disponível para estar no aqui e agora, no presente. Isso, obviamente, cria uma cegueira com relação aos outros e às oportunidades de colaboração.

Uma história trágica de um líder que era arrogantemente auto-absorvido é a de Jeff Skilling, presidente e CEO da Enron. Descrito pelos biógrafos como altamente inteligente, ele usou sua capacidade intelectual para a intimidação.

> "Toda vez que ele pensava que era mais esperto do que os outros, o que era quase sempre, tratava os demais com dureza. E quem não estava de acordo com ele, não era suficientemente brilhante para entendê-lo." (Dweck, p. 120)[2]

Compartilhar ao invés de ser uma Estrela Solitária

Algumas pessoas pensam em si mesmas como sendo "estrelas". Essas pessoas precisam de muito drama em suas vidas para se sentirem vivas e serem percebidas como uma pessoa. No lado positivo disso, vemos a atitude e a habilidade de não ter medo de publicidade, isto é, de não ser como uma flor de parede, que fica sentada e não toma a atitude e a coragem de conquistar o seu lugar. Isso também mostra a capacidade de introjetar drama em um grupo, para apimentar as coisas e dar-lhes mais energia e vida.

No entanto, quando em excesso, essa atitude pode se tornar uma arrogância que pressupõe: "Preciso estar no centro do palco. Eu sou uma diva. Eu sou o grande salvador em uma plataforma em chamas". A arrogância nessa atitude procura resolver a questão do valor de alguém como pessoa por meio do pseudométodo de glorificação do "eu". Assim, resulta em alguma forma de autoglorificação, e isso geralmente envolve alguma forma de autodramatização.

Responsavelmente Proativo ao invés de Sede de Poder

Existe um lado positivo para o poder à medida que buscamos o poder para assumirmos o controle de nossas vidas. Isso nos leva a desenvolver nossos verdadeiros poderes de resposta, para que possamos ter poder *com* os outros e o poder *de fazer acontecer*.

E se "a fome de poder" e a atitude defensiva surgissem quando a pessoa se sente verdadeiramente impotente? Não sentindo o próprio poder sobre o seu pensar, sentir, falar e agir, a pessoa procura compensar essa falta buscando ter poder *sobre* os outros e tentando controlá-los. Então, sentindo-se impotente dentro de si mesmo, vários medos são ativados – o medo do desconhecido, o medo de não saber, o medo do ambíguo, o medo de não saber lidar etc. Como resultado disso, a fome de poder se torna uma fome de poder externo (em vez de interno). Por fim, isso faz com que a pessoa se torne dogmática, inflexível e não esteja disposta a ceder ou a acompanhar outras pessoas.

Coragem para ser eu mesmo ao invés de Defensivo

A coragem de ser quem se é envolve uma *aceitação* básica de si mesmo com seus dons, talentos e situação de vida. A partir dessa coragem fundamental, vem a coragem de se valorizar como pessoa, como ser humano, e de se valorizar incondicionalmente. Isso evita que alguém precise "provar-se" a si mesmo.

Por outro lado, a atitude e o estado emocional opostos são o de personalizar as coisas ditas e feitas e tomá-las como ameaças e perigos para o seu senso de "eu" (que é condicional). Isso, por sua vez, torna a pessoa sensível a críticas e faz com que ela rapidamente interprete as coisas como sendo ataques pessoais. À medida, então, que a pessoa vive em um estado defesa contínua, ela se torna muito reativa a todo e qualquer gesto da outra pessoa. Além disso, ao ser demasiadamente sensível às coisas, seu senso de insegurança busca, na sequência, proteger o seu "eu" excessivamente. A suposição que está operando dentro da pessoa é: "Eu preciso de proteção, estou em perigo, há forças hostis ao meu redor".

Estados de Colaboração relacionados aos Outros

Outro conjunto de estados que possibilita a colaboração permeia a forma como nos relacionamos com os outros – os estados que apoiam nossas habilidades sociais, interpessoais e inteligência.

Empaticamente Compassivo ao invés de Subdesenvolvido Socialmente

A colaboração requer uma consciência e desenvolvimento social. Uma barreira inerente à colaboração é a falta de desenvolvimento social. Apesar de nascermos sem qualquer desenvolvimento social, ele é um potencial a clamar dentro de nós. E ele decorre do que pensamos e entendemos sobre os outros, bem como das nossas habilidades de cuidar, se relacionar, ter empatia, ouvir, comunicar, apoiar etc.

À medida que somos dependentes dos outros, como éramos ao nascer e durante a infância, somos incapazes de participar de relações igualitárias que sejam mutuamente satisfatórias. Tudo aquilo que freia nosso desenvolvimento social, inteligência social e habilidades sociais, ao mesmo tempo bloqueia nossa capacidade de colaborar eficazmente como adultos interdependentes.

Daniel Goleman escreveu extensivamente sobre *inteligência social*, uma inteligência que integra o Q.I. e o Q.E. Nossa inteligência social certamente aumenta tanto a partir do nosso desenvolvimento intelectual quanto da nossa inteligência emocional, mas a inteligência social é algo mais, diferente daquelas. É a nossa capacidade de procurar entender outras pessoas, de sair da "primeira posição", de onde vemos as coisas apenas a partir de nossa própria perspectiva, e entrar em "segunda posição", pois imaginamos como as coisas se parecem do ponto de vista da outra pessoa.

Quando conseguimos fazer isso, superamos a barreira de não responder às necessidades dos outros. Agora, reconhecemos que os outros têm necessidades assim como nós, e que são tão legítimas quanto as nossas. A partir daí, podemos superar a próxima barreira da "folga social". Essa é uma atitude passiva de fazer parte de um grupo (uma família, clube, associação etc.) e pegar carona nele, deixando que os outros façam todo o trabalho. Podem haver momentos em que isso seja apropriado, mas quando perpetuado, se torna uma forma de irresponsabilidade.

Quando uma pessoa recebe passivamente os benefícios do pensar, do agir e do investimento dos outros, é claro que isso pode se tornar um hábito. Pode se tornar um estado confortável e familiar, que pode perpetuar-se à medida que a pessoa apenas recebe, sem dar, e é até possível "aprender" que esta é a forma como as coias são, ou pior, é assim que deve ser. A pessoa então age como se ela *tivesse o direito* de tomarem conta dela assim. A partir dessa noção disfuncional de direito surge a intolerância, expressa quando os outros não estão disponíveis para a pessoa, ou quando é requisitado que o sujeito assuma suas próprias responsabilidades.

Quanto mais forte for esta postura, menor será a capacidade da pessoa de colaborar. Ela vai *esperar* que os outros façam a maior parte do trabalho e da atividade, e vai até mesmo se sentir magoada se alguém lhe pedir que seja responsável e faça sua parte. A pessoa se sente autorizada a ser tratada como melhor ou superior aos outros.

Celebrando o Sucesso dos Outros ao invés de Invejar

A pessoa com inveja vivencia o que os outros têm a partir de um estado emocional insuportável, porque ela quer ter aquilo. A pessoa pensa: "Enquanto você tiver isso, eu não o tenho, o que eu acho extremamente irritante". Uma pessoa com inveja deseja o que o outro tem, concentrando-se nisso, e muitas vezes conspira para tirar aquilo da pessoa. O que o outro tem, em termos de dons, pontos fortes ou sucessos, gera angústia naquele que inveja. Como resultado, a inveja impede essa pessoa de aprender com os pontos fortes, inteligências, sucessos etc. dos outros e de se beneficiar deles. Tudo isso mudaria se a pessoa pudesse aceitar, admirar e aproveitar os dons do outro como uma dádiva da colaboração.

A boa vontade benevolente ("amor") deseja o melhor para os outros e não interpreta seu sucesso, crescimento ou bem-estar como uma perda para si. É preciso uma abundância de amor (boa vontade benevolente) para se superar a inveja.

Libertar-se do passado ao invés de Ressentir-se

O ressentimento é uma atitude a partir de uma *velha* dor, raiva, medo, suspeita etc. O velho sentimento é mantido recente e vivo a partir de atitude de senti-lo repetidamente (ressentimento). "Eu me recuso a colaborar com você. Lembra quando me deixou com raiva (ou alguma outra emoção negativa)? É como se tivesse acontecido ontem!". Desta forma, a pessoa mantém o velho sentimento negativo e o sente de novo e de novo, intensificando sua angústia emocional. É assim também que uma pessoa mantém um sentimento negativo *contra* alguém, e o usa para evitar criar um relacionamento novo e mais próximo com a outra pessoa. Para se livrar disso, faça perguntas de controle de qualidade para si mesmo:

> "Eu preciso disso? Isso se tornou um hábito para mim? Isso expressa o meu melhor? Isso torna a minha vida melhor?" "Quais são as consequências que eu estou colhendo por causa dessa atitude e desse humor na minha vida?"

O lado positivo do ressentimento é que ele indica que há algo inacabado. A solução é identificar o que não está bem para você, que evoca a sensação de ressentimento. Em seguida, use a energia emocional criada em você para entrar em ação e mudar, interiormente, o que for necessário.

Abertura ao invés de Interesses Escusos

Quando uma pessoa tem interesses escusos com relação aos outros, ela não se atreverá a revelar o que ela está realmente pensando, sentindo, planejando, querendo etc. Isso dá a algumas pessoas a ilusão de poder sobre os outros, à medida que eles retém o que realmente pensam e sentem. A premissa é: "Conhecimento é poder, então, se eu reter o que eu sei de você, tenho mais poder". Esses interesses escusos podem ser impulsionados pelo medo: "Não revelarei meus reais pensamentos e sentimentos porque você poderia usá-los contra mim, e isso me deixaria vulnerável".

Sermos abertos não significa nos expormos em tudo, o tempo todo, com todas as pessoas. Podemos ser abertos e, ainda assim, manter sigilo sobre certas coisas. No contexto apropriado, esta é a capacidade e habilidade de manter segredos, e não tagarelar tudo o que você sabe para os outros!

A abertura também contrasta com o dogmatismo. Hoje temos uma abordagem muito antagônica à ação de defendermos nosso posicionamento e conversarmos com os outros. É como se, socialmente, tivéssemos perdido a arte de debater de forma eficaz. Isso é especialmente verdadeiro para a política. Os debates sobre política estão cheios de conflitos e de um estilo que nos aliena de sequer querermos continuar a conversa. Há muita polêmica, muito ou-ou, muito "do meu jeito, ou cai fora", e são conversas tão divisivas quanto são improdutivas. Por meio das nossas conversas estamos destruindo a civilidade e os frágeis laços comunitários.

Proativo ao invés de ser uma Borboleta Social

Ter inteligência social não se equipara a ser uma "borboleta social". Essa frase refere-se a alguém que bate asas de um lugar para o outro, de uma pessoa para outra, ou uma pessoa linguaruda com o dom da tagarelice. O problema de ser uma borboleta social é que a pessoa fala, fala, mas não faz. O *labor* (trabalho) da c*olaboração* está faltando. Essa pessoa se encaixa na pseudocolaboração mencionada anteriormente: Dizer o Discurso, mas sem Andar a Caminhada.

Celebrando Outros ao invés de Egoísmo Social

O egoísmo *social* é outra forma de egoísmo com um toque especial de arrogância. Esta atitude, e estado emocional, envolvem a supervalorização do que você possui no contexto social e pensar que somente a sua contribuição é válida, real e útil. Por vezes chamado de "efeito posse", isso surge da ideia de que o dote da pessoa é "um presente para o mundo".

Nos negócios, isso geralmente assume a forma da Maldição do Desenvolvedor. Um empreendedor que começa um novo negócio pode sentir que suas ideias sobre o futuro dele e a sua maneira de fazer as coisas é *a única maneira* correta. Neste caso, por mais que a pessoa possa ser socialmente interativa e até mesmo capaz de contribuir, ela impede que outros contribuam com o negócio.

Seus Próximos Passos como Líder Colaborativo

Dado que você precisa do estado correto para colaborar, não é de se admirar que muitas colaborações não aconteçam. Você também *não* deve estar no estado incorreto, que impedem que as colaborações sejam saudáveis e eficazes. Uma colaboração robusta requer pessoas abertas, que estão aprendendo, se desenvolvendo, que se sentem seguras etc. É necessário também um estado de liderança exemplar que possibilite que as pessoas o sigam.

___ Quão fácil ou difícil é, para você, confiar nos outros?

___ Qual é a base da sua confiança? É incondicional ou existem condições? Em caso afirmativo, quais são elas? Quão realistas são suas condições?

___ Você confia na sua capacidade de ser um bom parceiro em colaboração?

___ Você é digno de confiança? Você cumpre as suas promessas?

___ Você é confiável?

___ Qual a sua estratégia para aumentar o seu senso de confiança?

___ Quais habilidades você tem para ajudar a facilitar a confiabilidade de outra pessoa?

Notas do Fim do Capítulo

[1] Assumir uma segunda posição refere-se à distinção da PNL de Posições Perceptivas. Estar em primeira posição é ver as coisas com seus próprios olhos, ouvir com seus próprios ouvidos e sentir a partir do seu corpo. Estar em segunda posição é imaginar como as coisas se pareceriam, soariam e seriam sentidas a partir da perspectiva de outra pessoa. Estar em terceira posição é a percepção sistêmica – imaginar como você e a outra pessoa se parecem quando vistas por outra pessoa.

[2] Extraído também do *The Smartest Guys in the Room: The Amazing Rise and Scandalous Fall of Enron*. New York: Penguin Group, 2003.

[3] Em *Coaching de Grupos e Equipes* (2013), L. Michael Hall desenvolveu um modelo de confiança em um grupo, a Espiral da Confiança que, usando sete dinâmicas de grupo, explica como um grupo de indivíduos se torna um grupo de trabalho eficiente, e em seguida, uma equipe eficaz.

***

Capítulo 15

O CHAMADO PARA SER UM LÍDER COLABORATIVO

O Final

"No geral, você precisa garantir que o seu pessoal esteja inspirado e tenha a liberdade de ser criativo. Afinal, o sucesso do seu novo negócio depende da sua parceria mais importante: a sua com a sua equipe." (2012, p. 228)

Richard Branson, Like a Virgin

Você acredita nisso? Você acredita que, como argumentamos ao longo das páginas deste livro, *o chamado para ser um líder colaborativo é o desafio derradeiro de um líder?* Considere o quanto estes dois termos, liderança e colaboração, são indistinguíveis. Podemos definir cada um desses termos por meio do outro.

Ser verdadeiramente colaborativo é fazer com que as pessoas trabalhem juntas.

Ser um líder é colaborar com os outros para atingir um propósito comum.

Embora possa alcançar objetivos e resultados desejados sem colaborar, você terá um desempenho consistentemente inferior se não colaborar. Um grande número de seus potenciais e talentos internos simplesmente não virão à superfície e não serão requisitados se você não estiver enfrentando o desafio de trabalhar *com* outros como associados, por meio de outros e com outros. O resultado? Você viverá e morrerá com grande parte da música dentro de você nunca tendo sido tocada e lançada, assim como aqueles ao seu redor em posição similar.

Se você deseja alcançar a liderança derradeira e levar os outros a alcançar uma visão elevada – uma visão maior e mais ousada do que uma única pessoa poderia conseguir por si mesma –, então comece por apreciar a *importância da colaboração*. Ela é importante se você se preocupa com o *como* você lidera. Ela é importante se você se preocupa com o tipo e qualidade de relacionamentos que você estabelece com os outros à medida que os lidera. Ela é importante se você se preocupa com o legado que vai deixar.

Se no entanto, mandar nas pessoas e ser um tirano trivial tende a ser o caminho da liderança, então as pessoas irão usar o padrão comando e controle. O motivo é óbvio: é mais fácil e rápido no curto prazo. No longo prazo, não é tão eficaz. Além disso, cria problemas de resistência.

O que acontece quando você não é colaborativo em seu estilo de liderança? Se voltar a mandar nas pessoas ao seu redor, você provocará resistência ao invés de colaboração. Você tenderá a operar de forma a desumanizar, ao invés de respeitar as pessoas. Isso porque, se não está colaborando com os outros, você está usando as pessoas como instrumentos para os seus projetos.

Se descobriu as limitações da liderança de comando e controle, o modelo de liderança do "Grande Homem" e o modelo da "Liderança Heroica", você está pronto para um estilo de liderança mais desafiador e também mais eficaz, então isso significa tornar-se colaborativo em sua maneira de comunicar, tomar decisão, gerenciar e liderar.

Colaborar é "trabalhar com" outros e ser um bom membro de equipe, que ainda pode ter líderes, mas você coopera com os outros para conquistar algo maior. Colaborar com os outros envolve cooperar, para apoiar e ajudar os outros, pelo bem comum. Não é de se admirar que isso requer um nível maduro de inteligências emocional e social. Não é de se admirar que a liderança colaborativa requeira muitas outras habilidades e represente uma forma de liderança muito mais elevada.

Em um estilo colaborativo, ainda é necessário fazer a chamada como líder, mas você leva em consideração os pensamentos, sentimentos, valores e necessidades dos outros ao tomar as decisões. Isso significa que você assume a segunda posição perceptiva (vendo as coisas do ponto de vista do outro) – a base para uma percepção empática. Isso significa emparelhar-se com os outros e apoiar a liderança deles, portanto, coliderar com eles. É ser um membro de equipe, de não se focar exclusivamente em si mesmo para se focar nos outros e no bem da comunidade, como um todo.

Como dito anteriormente, isso é *ubuntu* e a ideia inerente é: "Uma pessoa é uma pessoa por meio de outras pessoas". A ideia é que, embora pareça que fazemos muitas coisas "por nossa conta", na verdade, somos quem somos devido a como nos desenvolvemos por meio de centenas de relacionamentos, a como fomos enriquecidos e abençoados por centenas de pessoas. Assim, em *Ubuntu* nos focamos a ver as pessoas menos como indivíduos, e mais como parte de uma rede infinitamente complexa de outros seres humanos, a ver a comunidade humana como um todo. Afinal, vivemos em camadas embutidas de sistemas de relacionamentos. Então, a ideia é que estamos todos conectados uns com os outros, que *eu* estou sempre dentro do *nós*, e geralmente em muitos desses relacionamentos feitos de *muitos*, nenhum homem é uma ilha por si mesmo.

Um bom resumo disso foi descrito pelo autor de *Mandela's Way* (2010), nestas palavras:

> "Desde a infância, ele [Mandela] entendia que a liderança coletiva se tratava de duas coisas: a sabedoria maior de um grupo em relação a de um indivíduo, e o investimento maior de um grupo em qualquer resultado alcançado por consenso. Era uma vitória dupla." (p. 84)

Em última análise, a colaboração é sobre obter valores e resultados a partir das coisas com as quais nos preocupados e que imaginamos apaixonadamente em nosso mundo. Para fazer isso, precisamos aprender a aproveitar e liberar os recursos presentes dentro das diferenças humanas. Este é o fundamento que requer a sinergia da colaboração do tipo eu e outros.

A liderança colaborativa é uma arte sofisticada porque aprendemos a minerar o "tesouro" ou o capital humano dentro das pessoas. Nós fazemos isso trazendo à tona o melhor delas e facilitando-as a desencadear seu capital intelectual, emocional e pessoal. O líder colaborativo lhes permite trazer à tona suas diferenças singulares e usá-las para contribuir com o bem maior. Como líder colaborativo, você unifica as pessoas para aproveitar sua criatividade e fazer o impossível acontecer.

PARTE III

DESAFIOS DA LIDERANÇA COLABORATIVA

Os seguintes capítulos servem como *Caveat emptor*. Eles são projetados para fornecer-lhe uma prévia sobre potenciais problemas que poderiam surgir. Existem certas coisas que podem dar errado na colaboração, e como é melhor prevenir do que remediar, estes capítulos prepararão você para esses perigos em potencial.

* * *

Capítulo 16

COMO AS COLABORAÇÕES DÃO ERRADO

"O 11 de Setembro foi uma falha de colaboração
entre o FBI, a Polícia e a CIA."
Morten T. Hansen, Collaboration

"Parcerias dão errado porque colaborar é absolutamente difícil"
David Archer & Alex Cameron, Collaborative Leadership

"A confiança é vital. As pessoas confiam em você quando você não os engana, quando coloca todas as cartas na mesa e fala abertamente com elas. Mesmo que você não seja muito eloquente, a sua honestidade intelectual transparecerá, e as pessoas reconhecem e respondem positivamente a isso."
Warren Bennis, On Becoming a Leader (p. 161)

Um fato triste e indesejável é o de que as colaborações podem dar errado. Isto sequer é um evento incomum, na verdade ele acontece frequentemente. De fato este fenômeno faz com que muitas pessoas deixem de colaborar. Elas e se preocupam com uma grande variedade de potenciais perdas. "E se isso der errado? E se eles se aproveitarem de mim? E se nós investirmos e perdermos dinheiro? E se nós falharmos e arruinarmos nossa reputação?".

Nas colaborações, a confiança é fundamental. A falta de confiança, portanto, ameaça a eficácia das pessoas que trabalham em conjunto, colaborando. Qualquer coisa que seja prejudicial à confiança irá prejudicar a colaboração. Então, o que é prejudicial à confiança? O que prejudica a confiança em você, como parceiro colaborativo? O que prejudica a confiança nos outros como parceiros colaborativos?

Excessos e Omissões

Quando tratamos de colaborações que dão errado, existem *coisas que não fazemos*, mas que deveríamos fazer (errar por omissão) e *coisas que fazemos, mas não deveríamos fazer* (errar em excesso). A *omissão* refere-se àquilo que falta na colaboração, as coisas necessárias para se colaborar eficazmente. É o que deixamos de fazer, aquilo que, se feito, nos tornaria confiáveis. E existem as coisas que fazemos, mas que não deveríamos, aquilo que viola a confiança e prejudica a colaboração. O *excesso* se refere às coisas que fazemos que contaminam e diminuem a qualidade da experiência da colaboração.

A Categoria Excessos

Esta categoria de coisas inclui tudo que fazemos, mas que não deveríamos fazer. São as coisas que violam, sabotam e interferem as colaborações eficazes. Muitas vezes, elas surgem dos estados emocionais negativos de medo, ciúme, inveja e assim por diante. Estão inclusos:

- Colaborar por colaorar, ou porque espera-se que a pessoa colabore. O que acontece é que, quando colaboramos, não é apenas por colaborar. Nós colaboramos para criar uma sinergia a partir das nossas diferenças, que fará com que possamos diminuir a diferença no mundo e realizarmos juntos algo que não poderíamos realizar sozinhos, ou separadamente.

- Usar a colaboração para, sutil e implicitamente, promover a si mesmo. Este é um dos casos em que o ego fica no caminho.

- Não tornar-se aberto e vulnerável aos processos colaborativos, seja pelo medo de relacionar-se intimamente com os outros, seja por não conseguir abrir-se.

- Não recuperar-se com resiliência após enfrentar perturbações, contratempos e/ou desafios que, inevitavelmente, estão envolvidos no processo de avançar para cumprir uma visão.
- Não assegurar-se de ter diversidade o suficiente entre os colaboradores, de modo a haver um bom complemento de talentos e habilidades e, especialmente, as competências necessárias para alcançar o objetivo.
- Não trabalhar os conflitos de forma respeitosa e eficaz, seja por falta de saber como fazer, ou por não aplicar suas habilidades.
- Agir a partir de crenças e práticas de escassez. Isso cria uma estrutura do tipo ganha-perde, uma vez que pressupõe um jogo de soma zero.
- Não dar aos outros o direito de ter dúvidas.

Superioridade

Sentir-se superior em relação aos outros é uma expressão de competição e comparação. É um pressuposto de que estamos competindo uns *contra* os outros, em vez de trabalhando uns *com* os outros para colaborar. Ou seja, trazer nossas melhores habilidades para contribuir com o bem maior. A busca pela superioridade opera a partir do pressuposto de que estamos em um jogo de soma zero. Isso pressupõe que tudo o que outra pessoa ganha, tira algo de nós. Esta atitude também pressupõe que tudo o que eu *der,* faz com que eu tenha menos. Nas colaborações, não importa o quanto de talento uma pessoa trás para o jogo, mas quanto talento será desencadeado por eu fazer parte do jogo.

Mentalidade de Silo

A mentalidade de Silo é um tipo de competição dentro de uma organização. Aqui, um departamento ou uma função de uma empresa compete pelos recursos ou atenção dos outros departamentos. O pressuposto é o de que não estamos lutando *pelo* bem geral do negócio, mas que estamos lutando uns *contra* os outros. Cada departamento quer uma fatia cada vez maior do orçamento, então, quando um departamento recebe mais, isso me priva. Quando essa mentalidade infecta as organizações, ela mina a colaboração. As pessoas podem se relacionar bem umas com as outras, mas diferem na direção e nos resultados para os quais cada uma está trabalhando. Nessas situações, a organização não está alinhada.

Hansen (2009) descreveu a cultura da Sony como vítima de uma mentalidade de silo, a qual criou uma cultura insular. Isto criou uma cultura que trabalhava contra a colaboração.

> "A Sony tinha prosperado em uma cultura hipercompetitiva, cada [setor] tentando superar o outro, em vez de trabalharem juntos... Na Sony, os setores se orgulhavam de competir uns contra os outros. Era um ambiente tóxico para qualquer esforço colaborativo." (*Collaboration*, pp. 8, 11)

Comunicação Diplomática

O paradoxo da comunicação "diplomática" é que ela não é realmente diplomática. Ela é "política" à medida que é uma comunicação que tem um posicionamento e é feita para criar um efeito positivo sobre o posicionamento de alguém. Ela é diplomática no sentido de que segue o protocolo e é adequada por cima, mesmo que não seja honesta, aberta ou autêntica. É claro que, quando a forma dominante de comunicação é a diplomática, então é fácil, para uma colaboração, dar errado. A verdadeira colaboração opera a partir da abertura – por meio de uma sinceridade imparcial de se falar o que é verdadeiro, em vez de tentar criar uma impressão para influenciar alguém.

A Categoria Omissões

Na categoria omissões estão as coisas que estão faltando, mas que deveriam estar presentes para se ter uma colaboração eficaz. Aqui as colaborações podem morrer, não pelas coisas prejudiciais que estão acontecendo, mas pelo que *não* acontece. Deixar de fazer as coisas necessárias significa que não estamos colocando a atenção, a energia, o cuidado etc., que fará a colaboração prosperar. Você poderia falhar em...

- Apresentar uma visão ousada para a colaboração.
- Solicitar uma colaboração em torno de uma paixão.

- Lidar com o individualismo dos membros da colaboração e, em particular, o isolamento exagerado, o "eu primeiro", ou "o que eu ganho com isso".
- Cativar uma visão de que podemos fazer mais juntos do que sozinhos ou separados.
- Desenvolver as habilidades sociais e relacionais necessárias para colaborar uns com os outros.

A Fórmula Destruidora: Como Acabar com a Colaboração

Toda essa informação sobre como as colaborações podem dar errado nos dá uma "fórmula de advertência", se quisermos destruir uma colaboração. Aqui está tudo o que você tem que fazer para destruir a colaboração.

1. *Presumir o pior dos outros.* Desconfie de como os outros poderão roubar de você – roubar a propriedade intelectual, roubar a glória, roubar o reconhecimento.
2. *Suponha que os outros possuem motivações negativas.* Suponha que o ganha-ganha é tolice, irreal e ingênuo e que, o que quer que diga, as pessoas não se importam realmente com a colaboração.
3. *Tenha medo de que qualquer coisa gerada pela colaboração será perdida*, por exemplo,. sua reputação, produtos, IP, contatos etc.
4. *Se opor a qualquer coisa que não promova, explicitamente, você ou o seu posicionamento.* Pense exclusivamente em termos de suas "vitórias" e do que você vai ganhar com isso.

Liderando a Colaboração para que ela não dê errado

É justamente porque a colaboração pode dar errado que precisamos de uma liderança colaborativa que seja capaz de enfrentar o desafio. Precisamos de uma liderança bem informada, que seja consciente de como isso pode dar errado e hábil na criação de contextos para evitar os problemas, bem como habilidosa para lidar com eles.

Os líderes precisam reconhecer as tendências corrosivas logo no início e estabelecer uma cultura que possa evitar o crescimento desses problemas. Os líderes colaborativos devem, proativamente, corrigir problemas emergentes o mais rápido possível. Para fazer isso, o líder precisa da habilidade de sondagem, de forma a detectar comportamentos e relacionamentos de risco e ter a coragem de eliminá-los antes que fujam do controle.

Tudo isso pressupõe que os líderes colaborativos estejam aptos e dispostos a lidar ativa e construtivamente com os conflitos assim que emergem. Isso serve para lidar com as diferenças, bem como para criar uma cultura em que os conflitos possam ser trabalhados e resolvidos de forma respeitosa e efetiva.

Uma liderança colaborativa não pode ser ingenuamente otimista, assumindo que, se houver uma excelente visão e grandes pessoas, tudo irá funcionar. Quando subdesenvolvida, a natureza humana muitas vezes regride e se torna egoísta e gananciosa em suas atitudes e ações. Você e o seu pessoal têm as habilidades necessárias para lidar com isso?

O que implica esse caráter altamente desenvolvido? Ter autoconsciência, prestar contas de nossas responsabilidades, ter franqueza, integridade, compromisso com a colaboração e com a visão, paciência, persistência etc.

Seus Próximos Passos como Líder Colaborativo

Saber o que pode dar errado na colaboração pode permitir que você, conscientemente, escape das armadilhas. Sabendo que trabalhar em conjunto pode dar errado de diversas maneiras, de que forma você estará atento a essa possibilidade? Como você usará essas informações como um sinal de alerta antecipado. Em última análise, colaboração exige confiança nos outros, o desenvolvimento da confiança, uma cultura em que a confiança pode crescer e o chamado à confiabilidade.

* * *
Capítulo 17

PSEUDOCOLABORAÇÕES

O Discurso sem a Prática

"Parcerias fracassam porque colaborar é difícil.
Porque todo esse processo é tão difícil?
Porque você precisa se desapegar e confiar nos seus parceiros,

e você precisa ir além da sua zona de conforto."

David Archer & Alex Cameron
Collaborative Leadership

Práticas colaborativas requerem um tipo diferente de Líder.

Nem tudo que se chama de colaboração o é. Existem colaborações falsas. Existem coisas que as pessoas chamam de colaboração, mas que não são. Algumas das maneiras pelas quais as pessoas tentam cooperar e trabalhar em conjunto, na verdade são pseudocolaborações. Apesar de não serem uma colaboração verdadeira, muitas vezes elas são apresentadas como se fossem. Desse modo, como essas pseudocolaborações simulam a que é real? Como podemos diferenciá-las da colaboração verdadeira?

- *Discurso de colaboração*: Usar a linguagem da colaboração para que a descrição das suas interações com os outros pareça uma colaboração. No entanto, na realidade, é apenas o dicurso. Pode até ser uma conversa emocionante e inspiradora, mas no final das contas, é só isso. Existe o discurso, mas não existe a prática.
- *Consenso*: Buscar diminuir a visão, os padrões e a qualidade de uma aventura conjunta para que possamos obter um consenso de todos. Isso, no entanto, é consenso, e não colaboração.
- Networking: Misturar-se com grupos de pessoas, agir como uma borboleta social e ser visto e conhecido por muitas pessoas. Isso não é colaborar, é networking.
- *Um Grupo de um Único Líder*: Liderar um grupo para alcançar algum objetivo ou resultado e chamar isso de colaboração. Achar que um grupo de único líder é o mesmo que uma colaboração faz dele uma pseudocolaboração. Como ressalva, isso não significa que todos devem ser iguais em um grupo.
- *Fazer uma Proposta*: Fazer uma proposta para algumas pessoas ou um grupo e pensar que fazer uma proposta que envolva realizar um projeto é o mesmo que colaborar.
- *Delegar*: Fazer com que as pessoas façam o que você quer, dando ordens, delegando etc.

1. Discurso Colaborativo: Discurso sem Prática

Todas as colaborações começam como discurso, porque todas elas começam com uma conversa. No entanto, se elas não forem além da conversa, isso é tudo que são, palavras, palavras e mais palavras, geralmente em reuniões intermináveis. No entanto, apesar de todo o discurso, esta não é uma colaboração real, a qual se propõe a fazer alguma visão ou sonho se tornar realidade. O que faz com que algumas pessoas conversem sem parar, sem agir naquilo que é necessário? Um dos motivos de serem seduzidas assim é porque pode ser muito emocionante falar sobre colaboração, sonhar com os outros, sentir uma sensação de companheirismo, de vínculo, de pertencimento etc. Isso é fácil; e é rápido.

Outra causa possível pode ser o medo e o risco que algumas pessoas sentem quando é chegada a fase da ação. Agora, as coisas estão se tornando reais. Agora, os interlocutores são convidados a fazer algo a respeito do que disseram, e isso pode ser assustador e arriscado. Então eles hesitam, procrastinam, retraem. "Estamos prontos? Podemos realmente fazer isso? O que estávamos pensando? Eu não tenho tempo, dinheiro, energia para fazer isso!"

Desta forma, uma das maneiras que faz com que isso pode dê errado é que as pessoas *falam* sobre colaboração, de forma que *soe* como colaboração, quando a verdade não é. A pessoa pode falar usando a linguagem do "nós" e de uma visão comum, e não ser colaborativa ou possibilitar uma colaboração. A retórica é verdadeira, mas a resposta não é. Então, apesar da linguagem estar correta, os resultados estão ausentes. As pessoas louvam a ideia, mas não a seguem. Elas têm o discurso, mas não a prática.[1]

Na nossa segunda Cúpula de Liderança da PNL, conversamos por várias horas e, por mais que o conteúdo da conversa fosse extremamente relevante e, portanto, envolvente, ainda era apenas uma *conversa*. Foi então que Shelle Rose Charvet manifestou-se e apresentou um desafio para todos nós: "Ok, quem vai realizar essas cinco atividades que definimos, e até que dia?" De repente, a conversa assumiu um novo nível de realidade e saiu da fase do discurso para a ação.

Um exemplo atual de discurso sem prática é a atitude partidária do presidente Obama. É exatamente o oposto do presidente Thomas Jefferson. Em seu tempo, Jefferson construiu muitos relacionamentos com políticos que se opunham a ele ou eram contrários a ele, durante um jantar. O tempo que passavam juntos nem sempre era destinado a jantares "de negócio". No entanto, eles produziram alianças surpreendentes. No primeiro mandato de Obama, ele permaneceu quase que completamente isolado do partido oposto. Observou-se também que durante esse tempo, apesar de ter jogado golfe 104 vezes, apenas duas vezes ele fez isso com membros da câmara ou do senado. Um comentarista observou que foram 104 oportunidades perdidas. Somente agora, em seu segundo mandato, ele começou a ter jantares e encontros com a oposição.

Pseudocolaborações

1. Muito discurso, nenhuma prática
2. Consenso
3. Networking

4. Grupo de líder único
5. Proposta
6. Delegação

2. Consenso: Chegando ao consenso em um grupo de pessoas

Um equívoco comum é o de que muitas pessoas confundem colaboração com consenso. Elas entendem que se estiverem colaborando, terão o consenso de todos. Isso pressupõe que, sem um consenso, não há colaboração. Como podemos dizer que estamos colaborando se não concordarmos em tudo? Estes dois não são a mesma coisa; a colaboração não é um consenso. E ela também não deve ser entendida como um grupo de pessoas em funcionando em uníssono ou concordando em tudo. Como uma fórmula para a mediocridade, isso nos leva ao menor denominador comum.

Por incrível que pareça, a resposta é o oposto. A colaboração prospera nas diferenças e, de fato, requer diferenças, o que significa que nela *não* existe consenso. Para que a colaboração seja verdadeira e eficaz, ela inata e invariavelmente necessita de diferenças, desentendimentos e opiniões firmes de muitas pessoas. *Trabalhamos juntos* (colaboramos) justamente por trazer nossas diferenças e contribuindo para criar algo maior do que qualquer um de nós. Esse lado determinado da colaboração é justamente o oposto do consenso.

Ron Ricci e Carl Wiese, em *The Collaborative Imperative* (2011), deixam ainda mais clara a questão quando escrevem:

> "A colaboração não consiste em alcançar o consenso. De fato, o consenso é o inimigo da colaboração... [A] equipe pode, muitas vezes, alcançar rapidamente um acordo natural, mas quando os membros com diferentes pontos de vista recorrem à construção de consenso, você perde o valor da diversidade." (pp. 26, 133)

Ao buscar o consenso, muitas vezes não reduzimos as diferenças até que as pessoas possam concordar com o menor denominador comum. Pedir que todos alcancemos um consenso é diferente de colaborar, porque o consenso busca um acordo de igualdade. É muito diferente de uma colaboração verdadeira, em que abordamos e fazemos bom uso das diferenças, acolhendo-as e explorando-as.

3. Networking – Batar asas por aí como uma Borboleta Social

Outra confusão envolve a relação da colaboração com o networking. Uma colaboração verdadeira e o networking envolvem a interação com pessoas. A colaboração certamente requer habilidades relacionais e sociais, e entre elas está alcançar pessoas, conectar-se com elas, fazer convites e promover debates para ver se existe uma visão comum. Ao se fazer isso, o resultado é muito melhor se houver uma certa elegância social, paciência, compreensão etc.

Mas a ênfase na colaboração é colocar nossos ombros lado a lado, em um esforço compartilhado, e trabalharmos juntos. Não é apenas tomarmos um chá da tarde juntos. Ela pode começar no bebedouro ou no bar da esquina, mas não deve ficar lá. Além disso, se as pessoas não souberem como sair da polidez social, de ser uma borboleta social, para começarem a trabalhar, ter conversas intensas e apaixonadas, tomar decisões difíceis sobre quem fará o que e quando, a colaboração nunca vai decolar. Morten Hansen escreveu:

> "O objetivo da colaboração não é a colaboração em si, mas sim atingir resultados excelentes". *Collaboration: How Leaders Avoid the Traps, Create Unity, and Reap Big Results* (2009)

4. Liderando um Grupo

Os líderes muitas vezes reúnem um grupo de pessoas em torno deles ou em torno de uma ideia, projeto ou aventura e, em seguida, lideram esse grupo para alcançar algum resultado importante. No entanto, um grupo de único líder, apesar de eficaz, não é o mesmo que a colaboração de pessoas diversificadas, com uma visão comum. Um líder com um caráter forte e persuasivo pode reunir pessoas de tal forma que a união resultante seja mais de conformidade (ou até consenso) do que qualquer outra coisa. As pessoas podem interagir e trabalhar juntas, mas poderiam ser um comitê ou um grupo de projetos, e não uma colaboração verdadeira.

A colaboração é sobre as interconexões e relacionamentos que acontecem entre cada uma das pessoas. Por meio de contraste, em um grupo de líder único quase todas as relações partem do líder para cada um dos membros do grupo. Os membros do grupo podem não ter muita interação e podem não estar envolvidos com uma colaboração entre si.

Michelangelo "colaborou" dessa maneira. Seu biógrafo, William E. Wallace, ressalta que, como "o chefe de uma empresa de grande porte que colaborativamente fazia artes que carregavam sua assinatura", ele tinha treze artistas trabalhando com ele e ajudando-o a pintar (Bennis, 1997, p.5). Em vez de chamar isso de colaboração, isto seria melhor descrito como um pequeno negócio eficaz conduzido por um único líder. Não havia um grupo de líderes colaborando.

Por outro lado, Thomas Edison era um colaborador defeituoso. Ele "colaborou" como um líder único, mas porque era tão rígido em seu pensamento e modo de ação, que não conseguia, de fato, valorizar ou apreciar o sucesso dos outros. Consequentemente, ele reivindicou a propriedade de todas as patentes e marcas registradas produzidas pelas pessoas que ele contratou. E quando se tratava de interagir com outras pessoas que eram igualmente brilhantes, ele não se deixava influenciar pelo pensamento do outro. Foi o que aconteceu com a corrente alternada de Tesler. Edison não toleraria e não poderia aceitar a colaboração. Ele teimosamente rejeitou-a porque o crédito para essa brilhante ideia iria para outra pessoa.

5. Unindo Atividades por meio de uma Proposta

Nós conhecemos um "gênio" de marketing que teve a ótima ideia de criar uma série de livros sobre "Profissionais de sucesso" em seu país e depois se propôs a vender sua ideia. Sua ideia era escolher uma profissão particular e os profissionais mais conhecidos nesse campo, e depois criar uma antologia. Ele publicou e editou livros sobre "Terapeutas de Sucesso", "Coaches de Sucesso", "Vendedores de Sucesso" etc. Cada livro era constituído de uma combinação de pessoas, mas essa combinação não era a mesma que uma colaboração verdadeira. Como empreendedor, sua ideia era entrar em contato com uma ou duas dúzias de pessoas mais conhecidas e populares naquela profissão, e fazer uma proposta.

"Você começa a escrever um capítulo de dez páginas sobre seu estilo de terapia, coaching, consultoria, orientação, etc. Haverá páginas de abertura de todos os contribuidores, com suas fotos. Cada capítulo terminará com seus detalhes de contato, site, e-mail etc."

A proposta enumerava todos os benefícios de se fazer isso, que a ferramenta de marketing excelente seria estar entre os 12, ou 20 melhores profissionais da sua área, e isso só custaria três mil dólares. Em seguida, as pessoas poderiam comprar cópias adicionais por 30% do custo para se promoverem. Ah, sim, e a mensagem e abertura: "Você foi convidado a fazer parte de uma excelente colaboração, a primeira colaboração desse tipo em nosso país..."

É claro que isso *não* é uma colaboração e chamá-la de "colaboração" não fez com que ela seja uma. Ela é uma proposta comercial e de marketing. Trata-se de um líder único organizando um grupo de indivíduos para financiar um livro que ele irá editar. Em contrapartida, uma colaboração envolve sempre uma criação mútua. Esta é uma oferta unidirecional. É uma proposta do tipo "pegar ou largar". Não é um convite para cocriar algo. A ideia já está montada.

Além disso, essa estrutura não era mútua. Não houve chance de se influenciar o processo ou de se ter uma voz nele. O convite não pedia que os "colaboradores" se tornassem parceiros proativos, mas sim um comprador reativo.

6. Delegando

Delegar não é colaborar, no sentido que estamos usando aqui, mesmo que você consiga fazer com que as pessoas assumam o controle e a responsabilidade pelo resultado de determinada atividade. Dizer a alguém como algo deve ser feito e delegar esta tarefa a eles, embora possa envolver cooperação e espírito de equipe, não é o mesmo que colaborar.

Uma certa vez, nós dois coapresentamos durante uma apresentação de sábado à noite em uma conferência sobre colaboração. Quando abrimos a sessão de Perguntas e Respostas, uma pessoa se voluntariou, dizendo que esteve envolvida em muitas colaborações, mas na verdade:

"Os meus negócios são todos baseados em colaboração. Eu reuno um grupo de jovens e depois digo-lhes o que vamos fazer e que estamos todos juntos e unidos nisso, e depois dou-lhes as instruções. Como empresa nós somos uma excelente colaboração."

Bem, obviamente, isso é delegação ao invés de ser colaboração. Trata-se de um líder único organizando seus negócios da maneira que ele deseja. E, embora isso possa ser muito eficaz, não é colaboração. Afinal, a colaboração não é a única maneira de ser eficaz. Este líder único pode até usar a linguagem da colaboração (nós, juntos, unidos etc.), sem criar uma cocriação mútua.

Seus Próximos Passos Como Líder Colaborativo

Embora existam muitos tipos diferentes e formas de colaboração, também existem pseudo-colaborações, que podem nos fazer pensar que estamos colaborando, quando, na verdade, não estamos. A seguir você tem um checklist para avaliar a sua colaboração:

___ Eu estou falando o discurso da colaboração, mas não estou realmente *praticando* a colaboração?

___ A tão chamada colaboração é na verdade um consenso, porque estamos eliminando as diferenças e criando "acordos", sendo agradáveis uns com os outros? Temos uma conspiração tácita para evitar qualquer coisa que chegue perto de ser um conflito?

___ Estamos experimentando um conjunto de interações de networking para que o foco esteja no networking e na diversão, em vez de trabalharmos juntos em uma visão comum?

___ Sou o único líder de um grupo ou existe um esforço mútuo para o trabalho em conjunto por parte das pessoas dentro do grupo?

___ Estamos somente combinando nossas atividades com um objetivo mútuo em vez de colaborarmos verdadeiramente?

___ Estou apenas delegando atividades, sem verdadeiramente buscar uma compreensão mútua e o compartilhamento de decisões?

Nota do Fim do Capítulo

[1] Os Quadrantes da Autorrealização são baseados nos eixos de Significado (significado, significância, inspiração) e Performance (competência). Isso nos dá quatro quadrantes: Subdesenvolvidos, Executores, Sonhadores e Autorrealizáveis. O Quadrante dos Sonhadores é onde se encontram os que discursam, mas não praticam. Leia mais em *Unleashed* (2007), *Unleashing Leadership* (2009) e *Self-Actualization Psychology* (2011).

* * *
Capítulo 18

COLABORAÇÃO EM CRISE

"Liderença é primeiro ser, depois fazer.
Tudo que um líder faz reflete o que ele ou ela é."
Warren Bennis, Becoming a Leader

Colaborações podem ser agradáveis e emocionantes nos melhores momentos, quando existe uma visão comum emocionante e muitas boas pessoas, cujas personalidades têm a química certa para que trabalhar juntos seja divertido e alegre. Torna-se mais desafiador, mesmo nos bons tempos, quando o problema é menos claro, quando algumas pessoas que se reúnem não têm a química de personalidade que "faz clique" em conjunto e/ou quando na eminência de certos prazos. Se precisamos colaborar em circunstâncias tão exigentes, como podemos colaborar, efetivamente, em tempos de crise? O que é preciso?

Às vezes, simplesmente não conseguimos encontrar o tempo, local ou as pessoas certas com quem colaborar. Às vezes, surge uma crise, e simplesmente não conseguimos um resultado crítico por nós mesmos, então nós precisamos cooperar com os outros. E muitas vezes, quando isso acontece, não estamos prontos, as pessoas não estão prontas, estamos todos sob pressão, todos nos sentimos estressados. Então, o que fazer? Como uma pessoa pode colaborar em tais circunstâncias?

Tipos de Crise

A crise que exige uma colaboração pode assumir diversas formas. Para simplificar as coisas, podemos dividir as crises em dois tipos primários: aguda e crônica. Para isso, adicionamos mais uma, a crise sistêmica complexa.

1. Crise aguda

Na crise aguda, a crise é urgente. Surge de repente, e talvez até de forma inesperada, e geralmente quando acontece, nos surpreende. Normalmente, quando um problema, um desafio ou crise nos surpreende, não estamos prontos para ele. Nosso sentimento é de despreparo porque nossa mente estava em outro lugar. E então, de repente, agora temos de lidar com a crise. E percebemos que temos que coordenar esforços com os outros, cooperar com eles e que seria melhor colaborar uma solução em conjunto.

O valor de uma crise aguda é que ela definitivamente deixa você saber que algo está errado e precisa ser resolvido. Não há ambiguidade ou confusão de que *algo está errado* e de que algo precisa ser feito, resolvido. Muitas vezes, isso ocorre porque certos estresses ou pressões atingiram o limiar, e tudo o que estava atrasando a crise agora entrou em colapso, e eis que há uma crise na sua porta. Pode ser uma crise financeira, ou sobre sua carreira, ou algum projeto no qual você está trabalhando. Pode ser uma crise de pessoal, porque alguém está saindo ou ficou magoado, ou não está mais disponível, ou uma questão trabalhista. Pode ser também apenas sobre algum aspecto da vida.

E agora você precisa criar uma colaboração *ad hoc* com uma, ou uma dúzia de pessoas. Você precise unir as mentes para definir, com precisão, o problema, fazer um *brainstorm* para encontrar soluções possíveis, descobrir seus critérios para a melhor solução, tomar uma decisão e depois trabalhar em conjunto para inovar a solução.

2. Crise Crônica

Na crise crônica você tem uma crise pendente, mas que ainda não está presente. Ela está sendo construída, mas não se faz presente ainda, ou pelo menos não abertamente. Em vez disso, ela está acontecendo em segundo plano e se manifestará em algum momento no futuro. O problema com esse tipo de crise é que geralmente ela *não se parece com uma crise*. Não há senso de urgência e, por isso, é fácil deixá-la de lado, até mesmo para esquecê-la.

Em muitas áreas da vida, os problemas podem existir, estarem aumentando, mas estar completamente escondidos ao nosso olhar. A pressão alta é assim. Como um problema, você não pode senti-lo, você pode vê-lo, e você pode conviver com ele por anos sem perceber, sem ter nenhum sintoma desse problema subjacente e oculto.

O problema com uma crise crônica é que ela pode ser tão ambígua e incerta que você não tem certeza exatamente de qual é, ou qual será, a crise. Ou se sequer existe uma crise. Talvez o sintoma seja apenas um pequeno soluço, e não um problema real. Em outras ocasiões, uma colaboração está em andamento, e de repente ficou estagnada. A colaboração não parece estar funcionando, talvez esteja se desmanchando lentamente, e o sinal disso é que há menos alegria em se trabalhar juntos.

Em uma crise crônica, vários problemas complicadores contribuem para torná-la mais difícil: a tendência de se procrastinar na criação de uma solução colaborativa que não seja urgente. Existe a tendência de se esperar que ela vá embora, ou que alguém a resolva, e também a tendência de não levá-la a sério etc.

3. Crise Sistêmica Complexa

Outra forma de crise é a que não envolve variáveis simples. É aquela que envolve um sistema com múltiplas variáveis e, tipicamente, numerosas relações ocultas. Em tal sistema, qualquer solução simples e rápida poderia piorar a crise, o que significa que se reagirmos a ela e sem uma reflexão cuidadosa, poderíamos amplificá-la.

Um exemplo poderia ser uma crise de saúde, em que talvez haja um problema nos pulmões, e dependemos inteiramente de um especialista em cuidados de saúde. No entanto, depender de um especialista em pulmão, sem levar em consideração os outros fatores sistêmicos, por exemplo, uma solução oferecida que ajudará os pulmões, pode colocar os rins em perigo, ou alguma outra parte do corpo. O perigo, aqui, é não ter uma colaboração de especialistas grande o bastante e depender muito, ou exclusivamente, de um único especialista.

O Fator Complicador – A Pressão do Tempo

Normalmente, o fator que transforma um problema em uma crise geralmente é o tempo. Quando surge a crise, temos que agir *já*. O problema é crítico o suficiente para que "não haja tempo para atrasos". Algo precisa ser feito imediatamente. Quando essas dinâmicas se juntam para criar uma situação que nos coloca sob pressão do tempo, nós precisamos, então, fazer alguma coisa, qualquer coisa.

Mas, o quê? O que faremos? O que podemos fazer para apaziguar o problema? A pressão do problema aqui é ampliada, porque se fizermos a coisa errada, podemos piorar a situação e, às vezes, piorar muito. É nesta situação que tão somente reagir pode agravar o problema. É nesta situação que, quanto mais estresse nós sentimos, menos eficaz será o nosso pensamento, e menos preciso ou objetiva será a nossa resolução para os problemas.

Sendo um Líder Colaborativo em uma Crise

Como você, como líder colaborativo, aprende a se tornar um líder colaborativo durante uma crise? O que você faz para lidar com a crise em conjunto com os outros da forma mais eficaz possível? Aqui estão algumas ideias e sugestões.

Conecte-se com o Inimigo do seu Inimigo

Na crise, colaborações, às vezes, assumem formas muito estranhas. Uma colaboração em crise pode ser terreno para parcerias estranhas. Essa parece ser a estratégia de como criamos "A Colaboração de um Casal Estranho". Isso pode ser útil.

Um exemplo surpreendente é a colaboração que venceu a Segunda Guerra Mundial. Afinal, considere os países que se tornaram aliados e colaboraram para derrotar Hitler e seu regime nazista. O Reino

Unido, os EUA e a Rússia soviética (URSS). Se alguma vez houve um exemplo do paradoxo de que "O inimigo do meu inimigo é amigo meu", este, com certeza, foi um deles!

Agora, enquanto a Segunda Guerra Mundial foi considerada como o triunfo sobre o totalitarismo, existe, de fato, outra forma, e muito diferente, de vê-lo. Podemos também considerar essa guerra como uma demonstração de poder entre dois governos totalitaristas, o nazismo de Hitler e a URSS. A vitória foi de um governo totalitário sobre o outro. A vitória derradeira sobre o totalitarismo não aconteceu senão cinquenta anos depois, quando a União Soviética se dissolveu e o Muro de Berlim foi destruído.

Colaborações nem sempre são compostas por amigos, ou mesmo por aliados, ou sequer por pessoas amigáveis entre si. Às vezes, como no caso dos Aliados na Segunda Guerra Mundial, pode ser criada entre pessoas ou grupos que têm muito pouco em comum, ou nada em comum, exceto um inimigo comum.

Desenvolva e Demonstre Flexibilidade para Resolver Quebra-cabeças

Durante o tempo em que estávamos escrevendo este livro, eu (IM) estava em casa, em Connecticut, e a fonte, na minha propriedade, começou a transbordar, criando uma emergência que precisa ser resolvida imediatamente. Os planos e o cronograma que eu tinha foram imediatamente interrompidos porque tinha que lidar com a solução deste problema. No entanto, havia um problema em relação à solução de problemas – a nomear, eu não sabia a resposta. E nenhuma das pessoas envolvidas na crise. No entanto, muitos indivíduos possuíam pedaços da resposta. Ninguém sabia o que realmente estava acontecendo. No entanto, diferentes indivíduos possuíam peças do quebra-cabeça e, portanto, um grupo bastante diversificado de pessoas foram forçadas a colaborar para descobrir a resposta.

Muito parecido com uma cena de crime, em que a polícia reúne diversos especialistas de diferentes áreas, cada um é necessário, mesmo que não esteja naturalmente conectado. E todos os departamentos, ou facetas, podem recorrer a outros especialistas. Cada um tem um pedaço do quebra-cabeça, e é preciso haver algum tipo de conversa reflexiva que permita que todas as vozes sejam ouvidas, antes de se chegar a uma conclusão sobre a crise, sobre como os problemas serão definidos e sobre como será apresentada uma solução, antes dela ser tomada.

Na verdade, isso apresenta seu próprio perigo, que é chegar a uma conclusão precipitada e se apressar para resolver o problema. O desafio à colaboração, em tais circunstâncias, é precisamente este: não temos todas as informações de que precisamos. Isso nos coloca diante do perigo de se tirar conclusões precipitadas. E, ainda assim, temos que agir. Então, o que fazemos agora? O que podemos fazer?

Em toda a colaboração, existem pessoas com diferentes experiências que contribuem com suas percepções, entendimentos, conhecimentos e respostas. Portanto, a arte de se colaborar deve incluir a atitude e a decisão de *não* impor a própria experiência na solução de problemas. Ou conflitar com um cohecimento especializado e lutar contra o outro. Elas provavelmente são apenas peças do quebra-cabeça. Nesse caso, a atitude necessária que cada pessoa precisa ter é: "Tenho uma peça do quebra-cabeça, não ele todo, e eu preciso das peças que os outros têm". Isso os ajudará a evitar precipitação no julgamento. Como todos resistimos, isso nos dá espaço para uma solução mais holística e sistêmica.

Então, junte o máximo de peças que puder, e faça isso de tantas fontes diferentes quanto fizer sentido. E se você estiver sob a pressão do tempo, faça isso o mais rápido possível, sem preferir uma fonte sobre a outra. Fazer isso seria jogar fora possíveis soluções e criar decisões erradas no processo. Você pode até arriscar-se a convidar algumas pessoas para assumirem o papel de Advogado do Diabo, como uma maneira de continuar testando a validade do pensamento. Quando as pessoas conseguem se unir em um momento de crise e focar na solução dela, as diferenças de percepção, habilidades e atitudes farão uma diferença significativa na solução.

Habilidades de Gerenciamento de Risco para Lidar com a Crise

Obviamente, uma crise não é a melhor época para se colaborar, mas, às vezes, não temos escolha. A própria crise pode exigir que colaboremos. E quando não colaboramos, esse é o momento que faz valer a pena o tempo que passamos nos preparando para a crise inesperada.

Uma das habilidades de gerenciamento de risco é a de ajustar constantemente suas expectativas para que você considere a possibilidade de problemas inesperados: "O que poderia surgir que interferiria nos nossos planos? Como as coisas podem dar errado? Quais contingências eu preciso ter à disposição?". Então, crie planos de continuidade, planos B e C, por via das dúvidas.

Seus Próximos Passos como Líder Colaborativo

Quando você estiver colaborando, reserve um tempo para mapear pelas diferenças (*mis-match*) o que você planejou. Participe de uma "conversa arriscada" para explorar quais riscos ou impedimentos podem surgir, e o que você faria em cada um desses casos. Verifique as probabilidades de algumas atividades das quais você dependa.

- Qual é a probabilidade de que este X ou aquele Y sejam retirados da equação sem qualquer dificuldade?
- Qual é a probabilidade de que algo possa surgir e interferir, ou até mesmo sabotar isso?
- E se um jogador-chave ficar doente ou morrer?
- E se o dinheiro não for o suficiente?
- E se a economia passar por uma mudança?

Anexo A

QUÃO COLABORATIVO VOCÊ É?

O seguinte questionário de autoavaliação é projetado para dar-lhe uma chance de refletir sobre seus próprios entendimentos, crenças e habilidades, que apoiam ou interferem em sua capacidade de colaborar e de ser um líder colaborativo. Como a colaboração não simplesmente acontece como um passe de mágica, são necessárias, então, muitas habilidades de colaboração. Afinal, a colaboração é um relacionamento de alto nível e a capacidade de liderar inclui uma ampla gama de competências. Quanto mais completo o seu conjunto de habilidades de colaboração, mais completa e rica será a criação de colaborações robustas e eficazes.

O que são as habilidades de colaboração? A habilidade de compreensão de si mesmo e do outro, a habilidade de calibrar as pessoas, de aceitar, tolerar, cuidar, demonstrar compaixão, convidar, engajar, comunicar etc. Mensure o seu nível de habilidade, de forma que 0 significa "nenhuma" e 10 significa "totalmente" ou "completamente".

____ 1. Inspira os outros a adotar uma visão do valor de se trabalhar em conjunto.

____ 2. Mantém as pessoas inspiradas na visão que une nossos esforços.

____ 3. Comunica eficazmente uma visão unificadora para que as pessoas tenham clareza e paixão pelo objetivo.

____ 4. Constrói a confiança por meio da abertura pessoal.

____ 5. Inicia a possibilidade de uma colaboração, começando a conversa.

____ 6. Estabelece papéis por meio do diálogo.

_____ 7. Convida à colaboração, pedindo ajuda e enviando solicitações.

_____ 8. Abraça a ambiguidade e incerteza no processo de definição de metas e seu cumprimento.

_____ 9. Calibra, buscando outros estilos, e trabalha em conjunto com esses estilos.

_____ 10. Aceita as diferenças dos outros, demonstra uma alta qualidade de observar sem julgamento.

_____ 11. Aprecia as diferenças como "pontos fortes" e "recursos", sem agir com sarcasmo ou degradação.

_____ 12. Enfrenta as interferências e bloqueios para a colaboração quando ainda são pequenos e gerenciáveis.

_____ 13. Cria uma cultura de colaboração: valores, rituais, processos etc.

_____ 14. Equilibra os impulsos ao individualismo e à equipe.

_____ 15. Integra inteiramente tanto estar sozinho ao fazer a sua parte e fazer parte do grupo quando está colaborando.

_____ 16. Limita e usa a competição para evocar esforços saudáveis e divertidos.

_____ 17. Pensa e trabalha como um membro de equipe.

_____ 18. Usa a linguagem colaborativa do "nós".

_____ 19. Incentiva a colaboração ao conversar com outras pessoas.

_____ 20. Pensa e fala dos outros como colegas e parceiros.

_____ 21. Apresenta a colaboração de forma que valha a pena para todos.

_____ 22. Faz as alterações necessárias à colaboração.

_____ 23. Dá os primeiros passos no processo de colaborar, para que todos ganhem a confiança e se tornem confiáveis.

_____ 24. Interrompe a colaboração se ela não for ecológica para todos ou não estiver funcionando.

_____ 25. Define meios de medir a colaboração e usa os *benchmarks* para fazer a avaliação.

_____ 26. Recebe treinamento na arte e nas habilidades de colaboração.

_____ 27. Trabalha e enfrenta seus medos de desistir do individualismo a fim de colaborar.

_____ 28. Constrói estruturas para recompensar a colaboração no grupo ou organização.

_____ 29. Mensura a dimensão do problema ou da solução necessária antes de encerrar uma colaboração.

_____ 30. Analisa cuidadosamente as capacidades que é capaz de empregar, considerando o prazo de entrega.

_____ 31. Estabelece algumas vitórias iniciais para criar um senso de sucesso.

Como você foi no teste? Essa lista nos indica que a experiência de ser um líder colaborativo demonstra um conjunto elevado e sofisticado de habilidades e atitudes. Isso não é para os fracos de coração. Quão empolgado você começa a sentir-se sobre o desenvolvimento dessas competências como líder colaborativo?

Anexo B

OS BENCHMARKS PARA SER COLABORATIVO E UM LÍDER COLABORATIVO

É possível algo tão *intangível* quanto atitudes, valores, crenças e experiências de *colaboração* serem padronizados? Existem comportamentos que podemos apontar que indicam diferentes níveis ou graus do desenvolvimento dessa experiência?

O sistema de numeração a seguir mede as habilidades, de 0 (zero), para a falta de habilidade, nenhuma ou o oposto da colaboração, até 3 (três) para competência completa e 3.5 (três e meio) para maestria na habilidade de colaboração.

0 *Ausência da habilidade:* O que quer que esteja sendo demonstrado, é *o oposto* da habilidade, portanto, não representa a habilidade.

1 *Primeiros passos:* O início do desenvolvimento de uma habilidade. A habilidade está no início do seu desenvolvimento, mostrando-se inconsistente e rara.

2 *Grosseiro:* Aqui a habilidade está presente, mas está crua, autoconsciente, desajeitada, chamando atenção para si mesma.

3 *Competência:* Descrição da habilidade plenamente desenvolvida.

3.5 – *Perícia:* Neste nível, a habilidade é apresentada elegantemente e está integrada, de forma plena, na pessoa e no seu estilo de operar. Essa habilidade tornou-se o seu "jeito de ser no mundo".

3.5 *Perícia:* Elogia os outros, procura ver o que estão fazendo bem e reconhece verbamente, validando os demais membros da equipe, Defende outros membros, se esforça além do esperado para apoiar os outros (doa-se, doa seu tempo, energia, habilidades etc.), conecta as pessoas, conecta seus objetivos aos objetivos do grupo, procura encontrar o ponto de convergência que une as pessoas. Mantém as pessoas responsáveis pelo que dizem que irão fazer. Faz *networking* com outras pessoas.

O Líder Colaborativo: Busca a excelência nos outros e convida as pessoas a fazerem parte de uma equipe colaborativa, procura preparar os outros para a liderança e níveis de responsabilidade mais elevados. Se envolve construtivamente em conversas difíceis para abraçar o conflito e usa as diferenças para o bem do esforço colaborativo.

3 *Competência:* Segue a liderança de alguém e o apoia em um projeto, contribui com ideias para o trabalho em equipe. Assume um papel ativo como parte de uma equipe, e em um projeto em grupo, contribui para permitir que o grupo seja mais coeso. É amigável, demonstra boa vontade para com todos, reconhece pontos fortes e positivos dos outros. Fala a linguagem do "nós" ("nós", "nosso"). Solicita (pede ajuda e contribui com outras pessoas na resolução de problemas). Escuta atentamente e faz perguntas de exploração. Constrói relacionamento com pessoas difíceis. Envolve os outros (inclusive). Fala de forma sensorial (clara) e precisa, averiguável. Não cria barreiras ou atribui culpa.

O Líder Colaborativo: Orienta proativamente a colaboração, toma a atitude de convidar, solicitar e assumir os riscos iniciais no esforço colaborativo. Acolhe o conflito e busca o valor dentro das diferenças que geram o conflito. Confronta com um respeito gracioso.

2 *Em Desenvolvimento, mas ainda grosseiro:* Olha para a pessoa que está falando e espera a sua vez. Apoia os outros em um projeto quando se serve a si mesmo, trabalha com os outros em algo que contribui para a equipe. Realiza autopromoção 80% do tempo. Em 70% do tempo usa a linguagem do "eu", quando o "nós" poderia ser usado. Raramente se doa em benefício dos outros.

1 *Primeiros Passos:* Incongruente: fala sobre trabalhar em grupo, mas não faz isso; faz promessas, mas não consegue cumprir; mantém as coisas para si mesmo, não compartilha, mantém segredos, guarda informações para si, discorda constantemente do que os outros dizem. Gasta a maior parte do tempo com comportamentos ou discurso de autopromoção. Expressa sarcasmo e julga, quando não concorda com alguém. Não responde aos outros em tempo hábil.

0 *Nenhum habilidade ou Oposta:* Não se entrosa com os outros, mantendo-se completamente isolado; critica os outros e o que eles estão fazendo. Compete com os outros, trata os colegas como se fossem inimigos, expressa ressentimento, degrada os outros, vinga-se, às vezes. Promove a si mesmo à custa dos outros. Usa somente a linguagem do "eu". Não presta atenção na apresentação dos outros.

AUTORES

Ian McDermott

Fundador da ITS: International Teaching Seminars, o maior centro de treinamento de PNL do mundo, uma empresa certificada pela ISO 9001, de reconhecimento internacional, como instituição credenciada fornecedora de treinamento de coaching para a Federação Internacional de Coaching (ICF).

Livros:

McDermott, Ian; Shircore, Ian. (1999). *Manage Yourself, Manage Your Life: Simple NLP Techniques for Success and Happiness*. London: Piatkus.

McDermott, Ian; Jago, Wendy. (2002). *The NLP Coach: A comprehensive guide to personal well-being and professional success*. London: Piatkus.

McDermott, Ian; Jago, Wendy. (2004). *Your Inner Coach: A step-by-step guide to increasing personal fulfillment and effectiveness*.

McDermott, Ian; Jago, Wendy. (2005). *The Coaching Bible: The Essential handbook*. London: Piatkus.

L. Michael Hall, Ph.D.

L. Michael Hall é um líder visionário no campo da PNL e Neuro-Semântica, e modelador da excelência humana. Pesquisando as áreas de excelência humana, ele modela a estrutura dessa experiência e transforma essa informação em modelos, padrões, manuais de treinamento e livros. Em seus diferentes negócios, Michael também é um empreendedor e treinador internacional.

Doutor em Psicologia Cognitivo-Comportamental pela Union Institute University. Durante duas décadas trabalhou como psicoterapeuta no Colorado. Quando ele descobriu a PNL, em 1986, a estudou e depois trabalhou com Richard Bandler. Mais tarde, ao estudar e modelar a resiliência, ele desenvolveu o Modelo de Meta-Estados (1994), que deu origem ao campo da Neuro-Semântica. Ele é o cofundador da Sociedade Internacional de Neuro-Semântica (ISNS), com o Dr. Bob Bodenhamer. Ao aprender a estrutura da escrita, ele começou a escrever, e foram mais de 40 livros, muitos dos quais são best-sellers no campo da PNL.

Ao aplicar a PNL ao coaching, ele criou o Sistema Meta-Coach, que foi desenvolvido em parceria com Michelle Duval (2003-2007). Cofundou a Meta-Coach Foundation (2003), criou os Quadrantes de Autoatualização (2004) e lançou o novo Movimento do Potencial Humano (2005).

Informações de Contato:

P.O. Box 8

Clifton, Colorado 81520 USA

(1-970) 523-7877

michael@neurosemantics.com

Sites:

www.neurosemantics.com

www.meta-coaching.org

www.self-actualizing.org

www.meta-coachfoundation.org

http://www.runyourownbrain.com

Livros escritos por L. Michael Hall, Ph.D.

Em PNL e Neuro Semantica:
1. *Meta-States: Mastering the Higher Levels of Mind* (1995/2000).
2. *Dragon Slaying: Dragons to Princes* (1996/2000).
3. *The Spirit of NLP: The Process, Meaning and Criteria for Mastering NLP* (1996).
4. *Languaging: The Linguistics of Psychotherapy* (1996).
5. *Becoming More Ferocious as a Presenter* (1996).
6. *Patterns for Renewing the Mind* (com Bodenhamer, 1997/2006).
7. *Time-Lining: Advance Time-Line Processes* (com Bodenhamer, 1997).
8. *NLP: Going Meta – Advance Modeling Using Meta-Levels* (1997/2001).
9. *Figuring Out People: Reading People Using Meta-Programs* (com Bodenhamer, 1997, 2005).
10. *SourceBook of Magic, Volume I* (com Belnap, 1997).
11. *Mind-Lines: Lines For Changing Minds* (com Bodenhamer, 1997/2005).
12. *Communication Magic* (2001). Originalmente, *The Secrets of Magic* (1998).
13. *Meta-State Magic: Meta-State Journal* (1997-1999).
14. *When Sub-Modalities Go Meta* (com Bodenhamer, 1999, 2005. Originalmente intitulado como *The Structure of Excellence*.
15. *Instant Relaxation* (com Lederer, 1999).
16. *User's Manual of the Brain: Volume I* (com Bodenhamer, 1999).

17. *The Structure of Personality:* Modeling Personality Using NLP and Neuro-Semantics (com Bodenhamer, Bolstad, and Hamblett, 2001).
18. *The Secrets of Personal Mastery* (2000).
19. *Winning the Inner Game* (2007), originalmente *Frame Games* (2000).
20. *Games Fit and Slim People Play* (2001).
21. *Games for Mastering Fear* (com Bodenhamer, 2001).
22. *Games Business Experts Play* (2001).
23. *The Matrix Model: Neuro-Semantics and the Construction of Meaning* (2003).
24. *User's Manual of the Brain: Master Practitioner Course, Volume II* (2002).
25. *MovieMind: Directing Your Mental Cinemas* (2002).
26. *The Bateson Report* (2002).
27. *Make it So! Closing the Knowing-Doing Gap* (2002).
28. *Source Book of Magic, Volume II, Neuro-Semantic Patterns* (2003).
29. *Propulsion Systems* (2003).
30. *Games Great Lovers Play* (2004).
31. *Coaching Conversation, Meta-Coaching, Volume II* (com Michelle Duval & Robert Dilts 2004, 2010).
32. *Coaching Change, Meta-Coaching, Volume I* (com Duval, 2004).
33. *Unleashed: How to Unleash Potentials for Peak Performances* (2007).
34. *Achieving Peak Performance* (2009).
35. *Self-Actualization Psychology* (2008).
36. *Unleashing Leadership* (2009).
37. *The Crucible and the Fires of Change* (2010).
38. *Inside-Out Wealth* (2010).
39. *Benchmarking: The Art of Measuring the Unquantifiable* (2011).
40. *Innovations in NLP: Volume I* (Edited with Shelle Rose Charvet; 2011).

41. *Neuro-Semantics: Actualizing Meaning and Performance* (2011)
42. *Systemic Coaching* (2012)
43. *Vol. X: Group and Team Coaching* (2013)
44. *Vol. XI: Executive Coaching* (2014), com Graham Richardson (2014)
46. *Vol. XII: Political Coaching* (2015).
47. *The Collaborative Leader* (com Ian McDermott) (2015)
48. *Vol. XIII: The Meta-Coaching System* (2015).
49. *The Field of NLP* (com John Seymour and Richard Gray) (em desenvolvimento).

Outros Livros:
1. *Emotions: Sometimes I Have Them/Sometimes They Have Me* (1985).
2. *Motivation: How to be a Positive Influence in a Negative World* (1987).
3. *Speak Up, Speak Clear, Speak Kind* (1987).
4. *Millennial Madness* (1992), now *Apocalypse Then, Not Now* (1996).
5. *Over My Dead Body* (1996).

Para encomendar livros: NSP: Neuro-Semantic Publications
P.O. Box 8
Clifton, CO. 81520–0008 USA
(970) 523-7877

BIBLIOGRAFIA

Archer, David; Cameron, Alex. (2009). *Collaborative Leadership: How to succeed in an interconnected world*. Butterworth-Heinemann: Burlington, MA.

Argyris, Chris. (19 93). *Knowledge for action: A guide to overcoming barriers to organizational change.* San Francisco: CA: Jossey-Bass Publishers.

Baker, Wayne. (2000). *Achieving success through social capital: Tapping the hidden resources in your personal and business networks.* San Francisco: Jossey-Bass.

Bateson, Gregory. (1972). *Steps to an ecology of mind.* New York: Ballantine Books.

Bennis, Warren. (1997). *Organizing genius: The secrets of creative collaboration.* New York: Basic Books.

Bennis, Warren. (1989; 2009). *On Becoming a Leader.* New York: Basic Books, Perseus Books Group.

Block, Peter. (1987). *The empowered manager: Positive political skills at work.* San Francisco: Jossey-Bass Publishers.

Bratton, William; Tumin, Zachary. (2012). *Collaborate or perish: Reaching across boundaries in a networked world.* New York: Random House, Crown Business.

Cheal, Joe. (2012). *Solving impossible problems: Working through tensions and paradox in business.* England, UK: Gwiz Publishing.

Clutterbuck, David. (2007). *Coaching the team at work.* London: Nicholas Brealey International.

Cockerham, Ginger (2011). *Group coaching: A comprehensive blueprint.* Bloomington: IN: iUniverse.

Covey, Stephen M.R. (2006). *The speed of truth: The one thing that changes everything.* New York: Free Press.

Chrislip, David D.; Larson, Carl E. (1994). *Collaborative Leadership: How Citizen and Civic Leaders can make a difference.* San Francisco: Jossey-Bass Publishers.

Dweck, Carol. S. (2006). *Mindset: The New Psychology of Success.* New York: Random House.

Freedman, Jonathan; Sears, David; Carlsmith, J. Merrill. (1978). *Social Psychology.* New Jersey, Englewood Cliffs: Prentice-Hall, Inc.

Frontiera, Joe; Leidl, Daniel. (2011). *Team turnarounds: A playbook for transforming underperforming teams.* San Francisco: Jossey-Bass.

Goleman, Daniel. (2006). *Social intelligence. Science of human relationships.* New York: Bantam Books.

Gray, Barbara (1989). *Collaborating: Finding Common Ground for Multiparty Problems.* San Francisco: CA: Jossey-Bass Publishers.

Hansen, Morten. T. (2009). *Collaboration: How leaders avoid the traps, create unity, and reap big results.* Boston, MA: Harvard Business Press.

Harvard Business Review, (2011), *Collaborating effectively.* Boston, MA: Harvard Business Review Press.

Hawkins, Peter. (2011). *Leadership team coaching: Developing collective transformational leadership.* London: KoganPage.

Hayek, F.A. (1988). *The Fatal Conceit: The Errors of Socialism.* Chicago, IL: The University of Chicago Press.

Hersey, Paul. Blanchard, Kenneth H. (1988 5th ed.). *Management of organizational behavior: Utilizing human resources.* Englewood Cliffs, NJ: Prentice Hall.

Katzenback, Jon R.; Smith, Douglas K. (1999). *The wisdom of teams: Creating the high-performance organization.* New York: HarperBusiness Book.

Katzenback, Jon R. (1998). *Teams at the top: Unleashing the potential of* both *teams and individual leaders.* Boston, MA: Harvard Business School Press.

Kemp, C. Gratton. (1964, 1970). *Perspectives on the group process: A foundation for counseling with groups.* New York: Houghton Mifflin Company.

Korzybski, Alfred (1933/1994). *Science and sanity: An introduction to Non-Aristotelian systems and General Semantics.* Lakeville, Conn: Institute of General Semantics.

Krauthammer, Charles. (2013). *Things that matter: Three Decades of passions, pastimes, and politics.* New York: Crown Forum, Random House.

LeForce, Nick. (2009). *Co-Creation: How to Collaborate for Results.* Tallahassee, FL: Rose Printing Co.

Lencioni, Patrick. (2002). *The five dysfunctions of a team: A leadership fable.* San Francisco: CA: Jossey-Bass.

Lencioni, Patrick. (2005). *Overcoming the five dysfunctions of a team: A field guide.* San Francisco: CA: Jossey-Bass.

Levine, Steward. (1998). *Getting to resolution: Turning conflict into collaboration.* San Francisco, CA: Berrett-Koehler Publications.

Levin, * (*). *Behind the Wheel at Chrysler.* **

Maslow, Abraham. (1968). *Toward a psychology of being.* NY: Van Nostrand Co.

Maslow, Abraham. (1965). *Eupschican management.* IL: Homewood: Richard Irwin and Dorsey Press.

Mattessich, Paul; Murray-Close, Marta; Monsey, Barbara. (2001). *Collaboration: What Makes it Work.* Saint Paul MN: Fieldstone Alliance.

Matthews, Chris. (2013). *Tip and the Gipper: When Politics Worked.* New York: Simon & Schuster.

McDermott, Ian. (2010). *Boost your confidence with NLP: Simple techniques for a more confident and successful you.* London, UK: Piatkus.

McGregor, Douglas (1960/ 2006). *The human side of enterprise: Annotated edition.* By Joel Cutcher-Gershenfeld. New York: McGraw-Hill.

McLeod, Angus. (2009). *Me, myself, my team: How to become and effective team player using NLP.* Wales, UK: Crown House Publications.

Moral, Michel; Abbott, Geoffrey (Editors). (2009). *The Routledge Companion to International Business Coaching.* London: Routledge.

Novak, William (1984). *Iacocca: An Autobiography.* New York: Bantam Books.

.. A. (1973). *Group methods to actualize human potential: ...ndbook.* Beverly Hills, CA: The Holistic Press.

..k, M. Scott. (1987). *The different drum: Community-making and peace.* New York: Touchstone Book, Simon & Schuster, Inc.

Putz, Gregory Bryan. (2002). *Facilitation skills: Helping groups make decisions.* Bountiful UT: Deep Space Technology Co.

Ricci, Ron; Wiese, Carl. *The collaborative imperative: Executive strategies for unlocking your organization's true potential.* San Jose: CA: Cisco Systems.

Sawyer, Keith. (2007). *Group Genius: The creative power of collaboration.* New York: Basic Books.

Scott, Susan. (2002). *Fierce Conversations: Achieving success at work and in life, one conversation at a time.* New York: Viking.

Senge, Peter M. (1990). *The fifth discipline: The art and practice of the learning organization.* NY: Doubleday Currency.

Simmons, Annette. (1999). *A safe place for dangerous truths: Using dialogue to overcome fear and distrust at work.* New York: AMACOM: American Management Association.

Stengel, Richard (2010). *Mandela's Way: Lessons on Life.* Crown Books: Virgin Books.

Winer, Michael; Ray, Karen. (2003). *Collaboration handbook: Creating, sustaining, and enjoying the journey.* Saint Paul, MN: Wamherst Wilder Foundation.

Tubbs, Stewart L. (1984). *A systems approach to small group interaction.* New York: Random House.

QUALITYMARK EDITORA

Entre em sintonia com o Mundo

Qualitymark Editora Ltda.

Rua José Augusto Rodrigues, 64 – sl. 101
Polo Cine e Vídeo – Jacarepaguá
22275-047 – Rio de Janeiro – RJ
Tels.: (21) 3597-9055 / 3597-9056
Vendas: (21) 3296-7649

E-mail: quality@qualitymark.com.br
www.qualitymark.com.br

Dados Técnicos:

• Formato:	16 x 23 cm
• Mancha:	12 x 19 cm
• Fonte:	Garamond
• Corpo:	11
• Entrelinha:	13
• Total de Páginas:	248
• 1ª Edição:	2018